斷裂的海：金門、馬祖，從國共前線到台灣偶然的共同體

何欣潔、李易安——著

目次

推薦序1　隱於日常的獨特性和生命力　劉可強……i
推薦序2　金馬日常邊界裡的多重斷裂與連結　洪伯邑……v
序　斷裂的海，相連的島　何欣潔……xiii
什麼是戰地政務……xix

第一部　自由中國的前線軍

第一章・金門、馬祖在哪裡？戰爭在哪裡？

馬祖在哪裡？……004
金門在哪裡？……005
中華民國（台灣、澎湖）領海基線圖……006

古寧頭戰役 007
大二膽戰役 008
九三砲戰 009
八二三砲戰地面落彈量統計 010
馬祖遭砲擊 011

第二章・馬祖，被戰爭凝固的島嶼

一九四九年以前，不存在的地方 014
從無到有、三島合併 016
我們很邊緣 021
金馬撤軍論風波 026
藍的和綠的 029

第三章．金門，被戰爭關上的大門

如刀般鋒利、如火般燒辣……038
每一個金門人，都是陣地裡的兵……042
肉骨茶香氣裡的金門銀行……045
金門話，就像Wi-Fi……050
就這樣被固定下來……053

第四章．台澎金馬邊界的形成：《中美共同防禦條約》與金馬戰地政務

一九五〇年代的「外島選擇／危機」……061
外島的犧牲：砲戰聲推進台美協防……064
「共同防禦」時期：金馬「要塞化」……067
平行時空……074

第二部　獨立台灣的異鄉人

前言　往何處去？……081

第五章・撤軍之後：賭場、高粱、小三通

離島賭場夢……086
我們馬祖人只要飛機……092
過得跟金門一樣好……097
解密高粱酒：戰爭下的金雞母……101
小三通，通往何方……109

第六章・邊境上的異鄉人

返鄉、矛盾、亡國感……116
中國，中華民國，中華民國台灣……121

如果台灣不要我們，我們又不想當中國人……127
斷裂的戰地驕傲……130
Kinmen、Quemoy、Jinmen……135

第七章・二〇二〇年，當AIT重返金馬
新冷戰降臨，淡定的金馬人……138
台美關係最好的時候……145
「跨越台海中線」的旅行……147

第八章・金門、馬祖，台灣的克里米亞？
李問的選擇：解嚴後青年的「建國」運動……175
一個福建、一個福州，一個民主的地方……182

終　章・金門、馬祖，以及台灣的戰爭與和平……187

結語・重返「貫徹以三民主義統一中國」的前線

結語・重返「貫徹以三民主義統一中國」的前線……193
前線的集體記憶……196
枕戈待旦……依舊？……198
備戰的國民義務……200
「金馬獎」：不再生死交關但仍使人胃痛……204
斷裂的「國民革命軍」遺志……206
為台澎金馬百姓安全福祉而戰……210
依國軍而生，因裁軍而閉……213
整個馬祖，他媽的就是一個超大的軍營……215
莒光日……217
當兵，真正認識台灣的起點……220
不再備戰的軍事據點……222
戰爭是什麼？自由又是什麼？……225

推薦序1 隱於日常的獨特性和生命力

劉可強 台灣大學建築與城鄉研究所退休教授

讀到《斷裂的海》一書中寫高粱酒和金門菜刀的段落時，想起不久前的一件趣事。

有一天，老伴從美國家裡來電，急著要我快遞一把金門菜刀去給她。她把寶貝菜刀當禮物送給好友了。少了一把好用的菜刀，對一個很在意口感、廚藝的人而言，是很痛苦的事。急忙下，我只能求救於一位年輕同事，金門人。她很快速的送了一把來，並附帶了一瓶金門國宴陳年高粱。（我喜出望外，很高興，只是身為福州人，老實說馬祖的東湧〔東引〕陳高還是我的偏好，情有獨鍾。）

我即時將這把用共軍砲轟金門的優質鋼彈殼精心煉製成的菜刀，送到遠在太平洋彼岸的家中。老伴有了寶刀，準備了一頓超級晚宴，包含了一道我的最愛——福州紅糟雞，湯湯水水，濃香帶甜（可惜我不在場！），再配上東湧陳高，讓老外貴賓們在一面倒的反中情緒中讚不絕口，直說太美味了。聽完老伴解說菜刀和高粱酒的源起，老外目瞪口呆，簡直無法想像。在遠超過半世紀以來的兩岸熱戰、冷戰中，居然可以在這最前線的兩個邊緣小島上，孕育出如此的創新動能，回收敵人彈殼製成菜刀、改種植高粱取代稻米，在不可能被看見的邊陲島嶼上創造奇蹟。

老外不用說，我們台灣本島的人們，是否能體會金門馬祖居民在五味雜陳，辛酸苦辣的掙扎中突破重圍，讓世界看到的作為？

《斷裂的海》這本有關金門馬祖在地居民的第一線觀察和紀錄，彌補了很多過去對邊緣離島的無知和不解。兩位作者很巧妙的由上而下、由下而上，然後再由外而內、由內向外，詮釋了金門和馬祖的認同處境，道出了兩岸國共內戰中的特殊歷史機遇，帶領讀者進入日常生活，直接去面對在地居民的心聲。

閱讀的過程中，我發現一個狀況，那就是需配合書寫內容調節閱讀的速度，時快時慢，無法一口氣讀完。當讀到佇立在枕戈待旦石碑前的蔣公銅像時，我想到了馬祖一位老友的冷幽默，他說現在很多人都倡議要移除蔣公銅像，但他倒覺得蔣介石把大陸江山讓給了老共，是歷史罪人，而他自己孤獨地站在那裡已經超過半個世紀了，不如就讓他繼續罰站，繼續悔過。

當我看到有關金馬地方方言的片段時，我會慢下來仔細品味一些日常生活中的細節。小時候，祖母常用「南萌」（天真、傻氣）說我的呆瓜行為。福州話不容易聽得懂，說話的人總好像喉嚨含了一顆珠子。不過也有人認為福州話有點像英語，不信下次在馬祖吃飯時，你跟主人說「See you tomorrow」但需帶點喉音，看他如何反應。另有一次，我帶美國朋友專程去芹壁請教天后宮裡供奉的鐵甲元帥（蛙神），當場需要將朋友的話從英語翻成國語，再翻成福州話報給元帥聽。元帥（透過乩身）以福州話回應後，我又要將祂的話翻成國語、再英語，之後轉告朋友。後來元帥有點不耐煩了，祂說：「不如我直接用英語跟他答問好了。」結果兩方溝通順暢，皆大歡喜。

此外，《斷裂的海》書中寫到居民描述金馬高粱的口感與兩地的人情、個性差異，講得非常貼切，很具說服力。馬祖高粱溫順，容易入口，馬祖人也重和諧。金門高粱風格相對強烈，就像金門刀子一樣，而金門人的個性也比較悍。

我之所以慢讀這些細節，是為了珍惜與地方故事、人情相處的片刻，享受短暫的回憶並同時更深刻的體會兩地居民的感受。

當讀到在講述國共內戰的歷史的段落，從一九四九年到現在，從一九九二年解除戰地政務至今三十年的台澎金馬時，我發現自己會加快閱讀速度，好似想要快速穿越這六、七十年來的恩怨，那如同一家人無解的愛恨情仇，看不到曙光，摸不到邊。遠在島嶼邊緣的邊緣的小島人民，將這一切看在眼裡，清晰度更勝於本島，就因為金門、馬祖的居民在過去七十年來更直接、更近距離、更深切的體會到「兩面不是人」的感受。金門、馬祖作為台灣的擋箭牌，成就了中華民國在台灣，然後就被晾在一邊，視而不見；而兩地鄉親來往多在廈門、福州，但又無法認同大陸的政治體制。

閱讀時，雖然很想趕快讀完穿越大歷史的捉弄所造成的偶然（意外），但終究還是細細品味了這部分，也因此才能回過頭來看到金馬兩地在共同的宿命中所營造出的獨特性和生命力。兩位作者的寫作策略果然高明，動用了細微的觀察力，帶出了感動人心的畫面，同時又透過冷酷的歷史敘事凸顯出了認同的矛盾和張力。金馬兩地的居民，飽受戰地前線的起起伏伏，在隱藏的日常中，從無奈無助到有膽有識，最終將從「兩面不是人」到未來很有可能扮演「兩面都是人」的歷史角色。

我建議此書可以隨意慢快閱讀，把日常生活細節和歷史時勢穿插，編織成一幅你對這偶然的共同體的圖像。

推薦序2　金馬日常邊界裡的多重斷裂與連結

洪伯邑　台灣大學地理環境資訊學系副教授

邊界在哪裡？

「台灣的邊界在哪裡？」

作為一個一九七四年出生在彰化、現已年屆熟成大叔的地理學家，我思索著我會如何回答這個看似單純的地理空間問題，並重新探看金門和馬祖對於不同時期的我，到底處在心中的什麼地理位置。我也在想，如果有時光機，可以讓欣潔和易安帶著這本《斷裂的海》回到過去，跟過去的我說說他們心中的金門、馬祖，他們會跟我說什麼？

和我年紀相仿的人，經歷過台灣從戒嚴到解嚴的轉變。如果問戒嚴時期正受教育的我：「台灣的邊界在哪裡？」我可能會有的直覺反應會是：「台灣的邊界？你說台灣省嗎？」至於金門與馬祖，國中時期地理成績很不錯的我，也應該會斬釘截鐵地回答：「那是福建省的範圍。」

年輕的我不會覺得認識金門、馬祖有什麼重要，只知道那是當兵有可能會去的「反共前線」，而對當時頗為堅定相信台灣是「反共復國」復興基地的我來說，台灣地理當然也不會是重點。

欣潔和易安如果真能回到過去，見到當時的我，我想他們會試著讓我的視角，從那個以蔣家政權版本的「中華民國」為中心的地圖移開，重新正視台灣本島與金門馬祖之間，那看似「斷裂的海」的兩邊。

雖說是斷裂的海，但當時我心中「台灣省」範圍裡的「台澎」，以及「福建省」範圍裡的「金馬」，儼然已經是冷戰地緣政治下「偶然的共同體」。

奇怪又矛盾、斷裂的共同體

透過這本書，欣潔與易安同時要告訴我們的是，把視角移回所謂「台澎金馬」之間斷裂的海，不能只看到地圖上空間的斷裂，我們還必須回到金馬人民日常生活的空間裡，才能理解這個偶然形成的共同體之間的差異。本書第一部「自由中國的前線軍」讓我們明白，原來一九四九年以來，金馬是用整個民間的力量、生活在支撐這個共同體，然而從民間的角度望出去，這樣的方式卻是讓「戰爭的影子，持續遊蕩在島嶼的上空。」（頁三六）。

此時共同體裡斷裂的另一方——台灣本島，在冷戰地緣政治下，開啟了與世界經濟貿易體系的連結。但在金馬，人民的日常生活、國家力量、市場經濟、地緣政治、邊界等，卻有別於台灣島情境。書中馬祖青年發展協會創會理事長曹雅評的一番話，將上述這些轉換為深刻的體會：「我們很邊緣……長久的歷史告訴馬祖人，我們沒資格決定自己的未來。大家確實害怕戰爭、害怕衝突，但最害怕的是，下次戰爭到來的時候台灣人會拋棄我們、把我們直接讓給中共。是一直以來都很害怕。但也有些長輩會因此生出想要『投靠對岸』的心情，在各種害怕中長出一種奇怪又矛盾的想法。」（頁二二）而這等奇怪又矛盾、同時是共同體也是斷裂的「台澎金馬」，在解嚴後又有了另一波斷裂的推力。

解嚴之後，雙重斷裂的掙扎

一九八七年，台灣解嚴，我步入青少年的慘綠人生。威權時期地理課本以外的訊息漸漸多了。還記得，我是上了高中才知道原來所謂「蒙古地方」早就是獨立的蒙古國，而當時的我正在從「我是中國人」過渡到「我是台灣人」的認知重構裡，也才發現原來過去一直被我稱作「共匪」、「匪區」的「中華人民共和國」，其地圖行政邊界的模樣根本跟我學的不一樣。當時台灣的社會氛圍也不會要求我再如同過去那樣，仔細地記誦中華人民共和國的行政區，反而急切地開始挖掘台灣自身因為戒嚴被抹除、刻意遺忘的歷史地理。

縱使當時高中大學聯考仍需要我記誦許多已成為歷史的「中華民國地理」知識，我自己對地理的興趣仍隨著社會氛圍自然而然轉到台灣本島上，例如：好奇台灣的鄉鎮市界線，因此知道原來花蓮縣秀林鄉的面積比我自己的家鄉彰化縣還大！然而我也必須說，解嚴後，當我隨著整個社會對「台灣本土」意識的強調，迫切找尋戒嚴時期不被認知、教導、研究、訴說的有關台灣內部的林林總總時，金門、馬祖的確在我自己認識本土台灣的追尋裡是缺席的；當時的我並不會覺得所謂「認識台灣」的內涵必須包括對金門馬祖的重新認識。我心中所謂「台灣的邊界」，反而無意地，卻也更深層地從自己所謂「台灣本土」意識裡，排除了金門和馬祖。

我想，欣潔和易安要是能和當時的我見上面，肯定也會讓我離開心中那個過度以台灣島為核心的地圖，重新在我的腦海裡植入以斷裂的海為核心，並包含台澎金馬的新地圖。再一次，他們帶著我們走入金門、馬祖的民間社會，試圖去理解，當我們開始將「本土」與「台灣認同」理所當然地聚焦在台灣本島（或許加上澎湖）時，金門、馬祖人卻也在這個過程裡，再一次經歷了所謂台澎金馬偶然共同體內部的斷裂。

當台灣島內已經走過一段發展的進程，並開始追求自身主體的認同，金門、馬祖卻在這個過程中同時遭逢「雙重斷裂」後的掙扎。在本書第二部「獨立台灣的異鄉人」裡，欣潔與易安首先讓我們意識到的，是作為「戰地」的金馬，無法跟著台灣島與世界經濟體系連結的發展斷裂，以致於在解除戰地任務後，金、馬民間在「高粱」、「賭場」、「小三通」的各種發展想像裡，有著深深的游移與不確定感。另外，金馬也被「台灣本土」認同的主流敘事排除，如同金門、馬祖人無法在課堂上，從所謂台灣的「本土教材教育」中找到與自己的連結。而當金門、馬祖人用力地想將自身的認同放入台灣主體意識時，卻又會「看到網友一講到金門就說『金門滾回大陸啦、跟大陸統一啦』，心裡就會覺得很莫名其妙。」（頁一二七）解嚴後、民主化、台灣主體意識愈來愈強的當下，欣潔與易安讓我們感受金馬人那份「如果台灣不要我們，我們又不想當中國人怎麼辦？」（頁一二八）的集體焦慮。

無法一語道盡的答案

時至今日，作為一個以「邊界」與地緣政治為研究核心的地理學家，我有意識地、漸漸地把曾經被我不經意排除的金門和馬祖，拉回到自己對「台灣邊界」的思考裡。二〇一九年的春天，我把這樣的思維帶到課程裡，帶著學生到金門，也登上了大膽島。想起來有些諷刺，那是我人生第一次認真地走進金門所謂戰地的街道與地景、認識當地的人、組織；雖然自己是授課老師，但事實上，我是跟著學生一起首次探索我們都不熟知的金門。後來安排的馬祖行，也因為課程而讓我有類似的心境。

因為對「邊界」的研究主軸，加上實際到金門、馬祖，走訪了當地的人事物，即使仍然是初步的訪察，但對現在的我來說，關於「台灣的邊界在哪裡？」的答案，有了弔詭、難以三言兩語解答的金馬脈絡。此時此刻，讀著欣潔和易安對金門、馬祖的描繪，更清楚明白揭示的是，邊界除了讓我們意識到彼此的不同，但別忘了，邊界那條有形無形的線，也是不同的彼此之間的連接處。

《斷裂的海》最後引領我們重新審視，在所謂「新冷戰」這個全球尺度地緣政治的斷裂裡，台澎金馬之間無可忽視的連結。如果新冷戰是一幅大尺度的世界局勢地圖，台澎金馬間如何更緊密地在民間社會、日常生活尺度裡鞏固連結，關乎者我們作為共同體，將如何回應當前成形中的新冷戰局勢的未來。從美國官員造訪台灣本島與「重返金馬」並行的策略，到「國之疆界，是以『民主的生活方式』為基底，而非文化認同或歷史血脈」（頁一七七）的論述，再再都是強化「台澎金馬」作為共同體的連結。正如同書中記錄李問，這位深具台獨意識，卻也在馬祖民間深耕的年青人說的話：「我們透過民主的機制來確認邊界。」（頁一七七）

欣潔和易安的文字，帶著我們進到「台澎」與「金馬」的不同中，從戰後到當代那些有形無形的邊界裡，看到斷裂，也意識到彼此的連結。回到文章一開始拋出的問題：「台灣的邊界在哪裡？」讀完這本書，也許我們仍舊糾結於問題背後，那複雜無法一語道盡的答案，甚至覺得這根本還是沒有個確切答案的提問。但無論如何，在思索答案的過程，金門、馬祖必須在其中，就如同本書終章〈金門、馬祖，以及台灣的戰爭與和平〉寫到的：「過去，我們談『身為台灣人，不可不知台灣事』；在新的世紀來臨之際，則是『生而為台灣人，不可不知金馬事』。」（頁一九二）

序　斷裂的海，相連的島

何欣潔

二〇一六年，為了採訪工作所需，我第一次踏上金門的土地。

結束採訪行程，我與金門的朋友見了面，不免俗地坐上對方的車，興高采烈地去大吃一頓在地美食。途經金門各大路口常見的圓環，我隨口抱怨了一句「欸，金門路這麼小條，幹嘛這麼多圓環？這樣觀光客找路很不方便，怎麼不直接拆掉，開起車來比較安全嘛。」此時，我那素來溫文爾雅（只是有些毒舌）的男性朋友，淡淡地回了一句：「如果這些圓環真的都拆掉，那金門說要搞的戰地觀光、戰地文化保存就都是shit，都是屎，做表面工程而已。」

我愣住了，不知道他的怒火從何而來。他的怒火好似是針對我的白目，又像是在對更遙遠的地方生悶氣。他與我同年，我間接知道他從大學時代就「很擔心金門的未來」，我卻不知道他的憂慮從何而來。

二〇一九年年初，我到高雄訪友。在大家酒酣耳熱、氣氛歡快之時，一位平日明理而富有正義感、對基層教育工作貢獻良多的朋友，問起我最近在忙些什麼？我說，剛剛自金門（採訪非洲豬瘟）回來。

友人聞言，認真地問我：「那我問你，我是真的很好奇，金門跟馬祖的人，是不是都很想當中國人？如果他們很想當中國人，那是不是把他們還給中國比較好呢？大家都不要勉強彼此嘛。」

看著友人誠懇晶亮的眼神，想起我在金門聽到、看到的種種，一時之間竟不知如何回答她。

（是的，不可否認，我們在當地遇過許多居民，真心認為兩岸未來必定會統一，統一之後的日子說不定也不錯，他們很看好中共的未來。正如在台灣，也有不少民眾抱持這樣的意見。而金馬兩地的意見，還加上了他們對戰爭的回憶與恐懼等等……）

（但也不是的。在許多金門、馬祖居民中，尤其是在年輕人的心中，存在著千迴百轉的複雜想法，要展開解釋諸多歷史因由，我現在很難跟你說明白……）

許多答案在我腦中轉了一圈，最終，我相信自己未能傳遞給我朋友萬分之一。這個話題，就在眾人的談笑聲中過去了。

後來我才明白，那些讓我在金門開車時覺得困擾的道路圓環，過往都是阿兵哥站哨的地點。在戰地政務時期，實施嚴格宵禁時，居民沒有通行證、口令，便無法在夜間通過這些崗哨。無論是家中有人生病、妻子即將臨盆，都會受到士兵阻擋。拆除了它，便抹除了金門作為戰地的一段重要記憶。

當時的我，不只不了解我朋友的情緒從何而來，我也對其他金門、馬祖人曾見過的世界一無所知。

例如：金門除了經歷過貨真價實的砲戰、共軍登陸戰爭之外，它沒有跟台灣、澎湖一起經歷「日本殖民統治」時期（但曾被短暫占領過）。又例如：一九五〇年之前，「馬祖」這個地方並不存在。而直至今日，「馬祖」在中華民國體制中的正式名稱，都是「福建省連江縣」，而非「馬祖縣」。而金門與馬祖兩地，於一八九五年至一九四五年間，與台灣、澎湖的命運大不相同。前期，兩地仍維持著清朝統治，一九一一年年進入中華民國勢力範圍，隸屬福建，是廈門與福州外海的群島。金門島上那些雕梁畫棟、華麗無雙的洋樓在興建之時，金門人與台灣、澎湖人並不是「同一國」的國民。

在更後來，我才知道，在共軍的「單打雙不打」落幕之後的很長一段時間，金門與馬祖還繼續實施了三十六年的「戰地政務」政策。在戰地政務期間，金馬實施嚴格的宵禁，居民不能放風箏、不能持有籃球，而且與台澎使用不同鈔票，電話與出入更受管制。

即便戰地政務解除，金門、馬祖也無緣與澎湖一樣，以浮潛、香蕉船等豐富的水上活動招攬觀光客。第一個原因是當年海濱仍有諸多尚未清理的地雷、水雷；其次，兩地居民長期因為軍事原因而被限制下水，生命經驗離海已經太遙遠，更遑論馬上就能帶客人進行水上活動。

如果用最粗魯的方式來說，一九四五年之後，金馬與台澎依然不是「同一國」的國民。有一條看不見的國界線，畫分了「我們」與「他們」，直到一九九二年戰地政務解除，台、澎、金、馬四島，才算是開始學做同一國的國民。

然而，學習之路並不容易。在戰地政務解除三十週年的此刻，台澎與金馬之間，雖然因為求學、交友、貿易、婚姻、兵役等等諸多機緣有認識彼此的機會，卻因為戰爭的陰影太過厚重，反而衍生出種種誤會與衝突。時至今日，仍有許多台灣人對金門與馬祖感到陌生、不理解，希望知道得更多，卻不得其門而入。

過去幾年來，我們有幸在多家媒體機構的支持下，進行金門與馬祖的專題報導，也有機會更認識這兩個地方。這本書，是我們想要送給這些失語時刻的心意。

下一次，當台澎與金馬再次相逢，或者有人誠懇地好奇「金門與馬祖人是不是都很想當中國人」的時候，希望這本《斷裂的海》，可以幫助島嶼之間的訊號相連。

這是我與我的前同事易安共同的想望。曾在馬祖前線當兵、掛少尉軍階退伍的他，對這一問題更加有感——在中共軍演頻繁、全世界關注台海局勢的此刻，尤其如此。

藉著整理五年來的採訪與書寫，我們想試著走回歷史的圓環，在不同的出口轉彎，看看是否有我們不知道的解答。

本書分為兩個部分，第一部分以歷史地圖形式開場，展開金門、馬祖如何由福建外海小島，成為「自由中國前線軍」的故事。

第二部分自一九九二年戰地政務解除開始，談談在「兩岸（嘗試）和平」的時代裡，金馬如何面對自身的戰爭記憶、摸索「戰後復健」的出路以及與台灣的疏離，記錄他們在兩岸夾縫中，常常湧起的「異鄉人」感受。

本書第二、三、五、六、七、八章由兩位作者在端傳媒的報導改寫，第四章部分內容則為何欣潔在歪腦的報導。我們在此鄭重感謝這兩間新聞機構，尤其是我們的前東家端傳媒，對金門、馬祖系列報導計畫的信任與經費支持。

什麼是「戰地政務」

「戰地政務」自《中美共同防禦條約》簽訂後兩年，一九五六年（民國四十五年），正式於金門、馬祖實施，至民國一九九二（民國八十一）年十一月七日終止，總計三十六年。

「戰地政務」的內容與範圍，可參考國民政府民國十七年公布的「戰地政務委員會條例」第一條：「國民政府為支持野地軍之作戰便利起見，特設戰地政務委員會，受國民革命軍總司令之指揮，處理戰地民政、財政、外交、司法、交通、農礦、教育、建設各政務。」意即政府以支援軍事所需為目的，以軍事方式管控實施地居民的食、衣、住、行、育、樂——與民生相關的所有事務。例如：實施宵禁、燈火管制、出入境管制、電信管制；居民不得持有籃球、排球、救生圈等「漂流物」；不得建造超過兩層樓之房屋；不得放風箏……等，此外，當地居民犯法等同軍人，會以軍法審判。

「戰地政務」原是國民政府為了當時局勢所需，欲集結、培養前線力量與人才而暫時性施行的政策，但在一九四九年國民政府到台灣後，演變為長期措施。在一九六〇年代，台灣本島正經濟起飛，離島前線卻因「戰地政務」仍過著枕戈待旦的備戰生活，不但造成了區域發展上的斷裂，也造成了金門、馬祖居民與台灣本島在情感與歷史上的疏離。

—第一部—

自由中國的前線軍

第一章

金門、馬祖在哪裡？戰爭在哪裡？

（Sueddeutsche Zeitung Photo / Alamy Stock Photo）

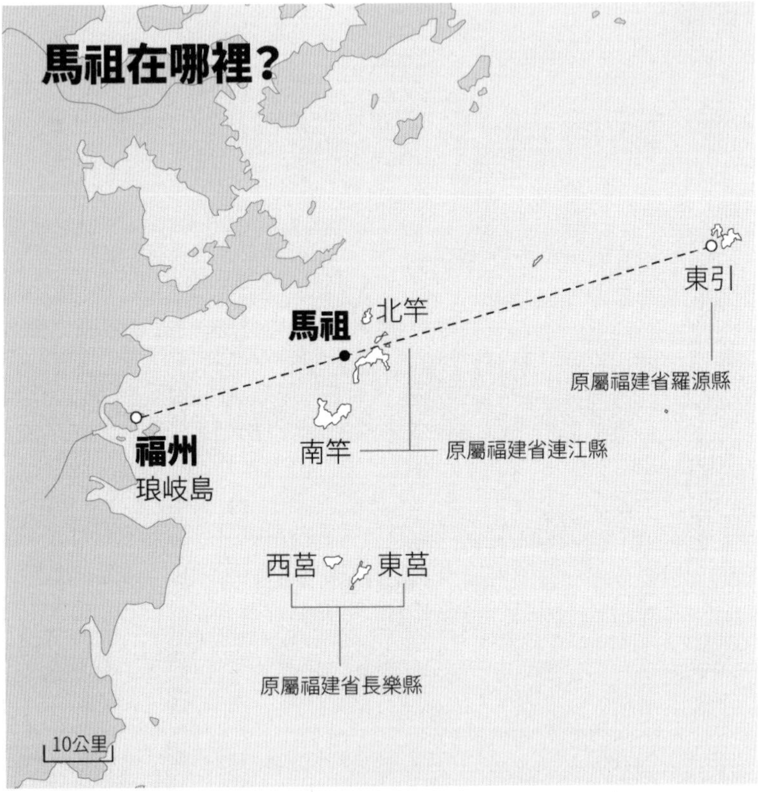

馬祖列島由南竿島、北竿島、高登島、亮島、東莒島、西莒島、東引島、西引島及其他共計 36 個小島組成，位於台灣的西北方，面閩江口、連江口和羅源灣，與中國大陸最近距離僅約 9 公里。

金門群島與廈門九龍江口遙相對應，由金門本島、烈嶼、大膽、二膽等12個島嶼組成，過去是中國東南沿海通往南洋，到馬來西亞、新加坡、印尼等地從事貿易的重點僑鄉之一。

金門、馬祖的「領海海域」，其實完全被中華人民共和國的領海包圍。政府另在金門與馬祖列島周圍，設有「限制／禁止海域」，未經許可的大陸船舶不得進入，但法律性質仍與「領海海域」不同。

1949 年 10 月 17 日，中共解放軍占領廈門島並正式計畫奪取金門。24 日深夜，近萬名共軍搭乘各式民間徵調船隻，由大嶝、小嶝等島嶼航向金門，預定登陸地點是位於「細腰部」的龍口村一帶，以便將全島一分為二，便於控制，後因東北季風，大部分登陸船艇被吹往西北角的古寧頭一帶。

25 日凌晨，共軍主力部隊在古寧頭附近海灘登陸，大嶝、小嶝之砲兵部隊密集砲擊金門守軍，一度占領北山村一處洋樓，兩軍在附近激烈肉搏。

戰役從 10 月 25 日凌晨進行到 27 日下午，由中華民國軍隊取得勝利。

大膽、二膽島位於小金門西南方，從此二島可以砲擊金門的補給路線。古寧頭戰役失利後，共軍相對謹慎，改由先奪此二島展開攻台計畫。口號為：「要保證放響進攻金、台的第一砲，堅決打下大、二膽。」

1950 年 7 月 26 日，共軍自廈門大學一帶砲轟大擔島（此役後蔣經國將之更名為大膽島），並於約 4 小時後往大膽島出發，先頭部隊與主力部隊分別自該島的北山高地、南山高地登陸。同日則有共軍搭乘民間漁船，試圖攻打二膽島。是時，國軍島上的兵力不到三個連，仍開砲迎戰並發生地面戰爭。27 日，俘虜共軍營長鮑成等 252 人；中午 12 時左右，擊退乘漁船意圖增援的共軍。

1954 年 9 月 3 日清晨，共軍自廈門地區向大、小金門及大膽島展開猛烈砲擊。在戰事爆發的前 5 小時內，金門就承受了 6,000 多發砲彈，至次日凌晨才暫時停火。接下來的數天之內，共軍仍持續對金門發射砲火。

7 日開始，中華民國軍隊出動海、空軍，對廈門附近中共砲兵基地與海軍艦艇結集區進行反擊。22 日，共軍突然再次增強對金門的砲火；23 日，國軍集中火力向大嶝、蓮河、廈門中共砲兵陣地進行射擊。九三砲戰被認為是 1954 至 1955 年間「第一次台海危機」的序幕。

1958 年 8 月 23 日，駐廈門共軍砲擊大、小金門與大、二膽等島嶼。開戰 85 分鐘內，共計發射 3 萬多發砲彈。砲戰持續至 1959 年 1 月 7 日，總計砲彈數量超過 40 萬枚。金門防衛司令部三位副司令吉星文、趙家驤、章傑殉職。期間，中華民國軍隊並非一味採取守勢，也向廈門反砲擊。9 月 11 日，國軍發射的砲彈命中廈門火車站。

「八二三砲戰」又被稱為「第三次台海危機」，其後共軍對金門、馬祖採取「單打雙不打」戰略，單日砲擊、雙日停止砲擊，兩地居民喪失性命、房屋毀壞、肢體傷殘者所在多有，迄今無正式統計紀錄。「單打雙不打」直到 1979 年 1 月 1 日中共與美國建交，才告終止。（資料來源：許純鎰）

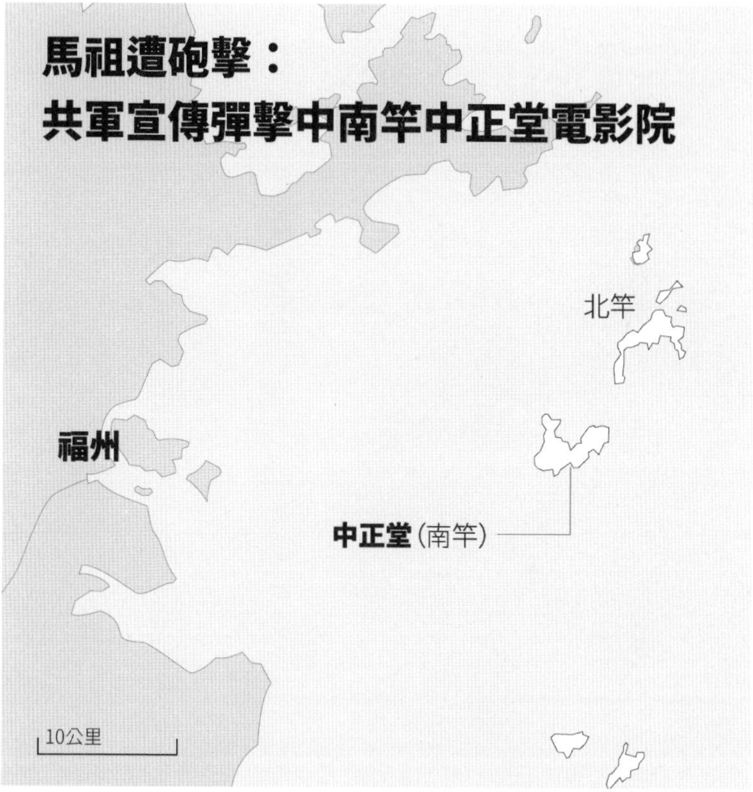

八二三砲戰結束，共軍實施「單打雙不打」。「單打」雖號稱多為夾帶宣傳單的宣傳砲彈，但破壞力與殺傷力不容小覷。1969 年馬祖南竿的「中正堂砲擊事件」即為慘烈的例子。該年 9 月 29 日，馬祖唯一的電影院——南竿梅石中正堂——正播放電影，全場滿座，一顆宣傳彈命中戲院屋頂，造成一名孕婦死亡、一名三歲幼童送醫後死亡，二十餘人輕重傷。

類似的悲劇，在馬祖的四鄉五島都曾發生過，但未有官方正式統計、幾乎不存在任何正式紀錄或報導，僅散見各鄉鄉誌與個人部落格。是故，馬祖雖然未曾經歷過正式的地面戰爭，但亦長年於「砲擊」之下生活。

第二章

馬祖：被戰爭凝固的島嶼

（Sean Hsu / Alamy Stock Photo）

一九四九年以前，不存在的地方

「快點快點，大家站在『戈』跟『待』中間，我們請旁邊帥哥幫我們拍一張照！」二〇一九年十二月的馬祖，一隊遊客在知名的「枕戈待旦」碑前合照。石碑位於馬祖高地，站在碑前往下望，可以看到一尊佇立的蔣介石雕像，背朝馬祖，面向福州——更準確地說，是遠眺廣袤的中國大陸，那塊他曾經統治、最終卻狼狽丟失，不管他如何「枕戈待旦」，餘生卻再也無法踏上的土地。

一九四九年以後，蔣介石領導的中華民國，實質上僅限於台澎金馬四島，而最北疆之地，即在福建閩江口的馬祖。天氣晴朗的時候，在馬祖能清晰看見福州的發電風機，甚至可以看見車流在道路上移動的光影。

六十年過去，戰爭陰影從未離開過這座島嶼。許多馬祖人選擇離開，但來來去去，最後仍有一萬多戶籍人口留了下來，居住在這裡，與一場威脅從未解除、曾有砲擊，但卻未曾到來的戰爭相處了半世紀。

六十年之後，曾一度浮現和平氣氛的台灣海峽，戰雲再起。一邊，自習近平正式提出「探索一國兩制台灣方案」，導致台灣社會瀰漫「亡國感」焦慮以來，中共

著名的枕戈待旦石碑。（Sean Hsu / Alamy Stock Photo）

的滲透與戰爭威脅成為台灣人無法迴避的話題；另一邊，中共方面也確實頻頻釋放「不放棄武力攻台」的言論信號，軍演頻率愈來愈高。

戰意濃濃的，不只是台灣海峽，全世界也重新進入以中美對抗為主軸的新冷戰格局。台灣處於中美博弈之間，難逃成為新冷戰前線的命運，而「枕戈待旦」了半世紀的馬祖，亦與金門一起，成為全球媒體關注的焦點。

這個因國共內戰、韓戰而生，被舊冷戰時代塑造的小島，半世紀以來，枕著國共內戰的「戈」、等待不知何時會爆發戰爭的「旦」，馬祖如何永遠地被這場介於將到與未到之間的戰爭改變？生活在「等待戰爭」的時間感之中，是怎樣的滋味？

從無到有、三島合併

現在的我們可能很難想像，在一九四九年之前，這塊以「馬祖」為名的群島，事實上並不存在。這是一個因為戰爭，更準確地說，是因為「枕戈待旦」這樣的戰爭想象而誕生的地方。

當然，在一九四九年之前，世界上確實曾有「馬祖」這一地名。但並不是今天台灣人所認知的、以「四鄉五島」（南竿鄉〔南竿島〕、北竿鄉〔北竿島〕、莒光鄉〔東莒島、西莒島〕、東引鄉〔東引島〕）為疆界的「馬祖」，而僅僅指涉當中的一部分島嶼。

今日構成台灣俗稱「馬祖」列島的，包括南北竿、東西莒與東引島。在一九四九年之前，這五個小島，僅是閩江出海口散布的小島，分屬不同的縣份，僅僅是漁民出海時一個停泊補給之處，多數居民隨季節性遷移行蹤，沒有多少固定常駐人口。自明、清代開始，往往也是海盜躲避追緝的一處基地。

一九二七年寧漢分裂後，國民黨為了避免閩江口外海群島成為共產黨基地，自一九三四年開始將連江縣列為「重點剿匪縣」，企圖將當地居民、漁民都列入保甲制度。

隨著一九三七年中日戰爭爆發，金門被日軍占領，馬祖成為抗日前哨之一，來自基隆的日軍控制了閩江口，在馬祖吸收漁民以取得中國情報，以利伺機占領福州。中國政府成立了「軍統局閩北站」，從事布線偵防、緝捕間諜與派員潛伏等工作。

一時之間，這海外諸島，竟成了各路情報人馬的活動據點。中日政權都想控制此地，但閩江口一帶的民生物資問題與治安隨著戰爭惡化，無人可加以控制管理。不少民間軍事勢力趁此而起，出身南竿鄉四維村的林義和即是其中之一。

他曾經與連江縣政府合作緝捕海盜，也在其後遭指控「侵吞煙土」（未煉制的鴉片）而劃地為王與政府對抗；他曾加入由汪精衛政權成立的「福建和平救國軍」，但又歸順中華民國政府，最後遭日軍逮捕，並被另一名福建和平救國軍的將領張逸舟投沉海中身亡。

至今，南竿的四維村仍留有林義和住家改建的「林義和工坊」餐廳，以及由林義和當年的指揮司令部所改建的「西尾半島物產店」，登高遠望芙蓉澳海灣，可遙想在那複雜動盪的無政府時代中，馬祖梟雄在海上據島為王，帶領屬下捕魚、經商、與敵軍武力駁火，村落至半夜都燈火通明的景色。

直到一九四九年後，中華民國於國共戰爭中落敗，以此地的「五島」為最後據點，和中共隔海對峙，才開始逐漸將原本分屬福建省連江縣（南竿、北竿）、長樂縣（東莒、西莒）與羅源縣（東引）的三島共同劃入連江縣，一九五〇年後，便被統稱為馬祖。

連江縣是唯一一個「兩岸共有」的地名：在中華人民共和國的轄區，有「福建省連江縣」，而閩江出海口馬祖群島上，盤據著中華民國版本的「福建省連江縣」，雙縣相望，映照出國共戰爭留下的痕跡。

「我們可以說，如果沒有國共內戰跟韓戰，就沒有『馬祖』這個地方。」馬祖資訊網站長劉家國如是說，「馬祖是到國軍來了以後，成立了『馬祖守備區指揮部』，才有正式馬祖這樣一個名稱來對外稱呼（今日的四鄉五島）我們這個地方。」

今日說起來，「閩江口諸島成為馬祖」只是輕描淡寫的一句話，但對於當年身在其中的馬祖人來說，是「捕魚捕一捕，就突然與家人分屬兩國」的人間劇變。

一九四九年五月十九日，中華民國政府軍在大陸已兵敗如山倒，台灣省主席陳誠頒布《戒嚴令》，宣布「台灣省台灣本島與周邊附屬島嶼、以及澎湖群島全境」實施戒嚴，範圍並未包含金門、馬祖，但在同年的八月二十六日，軍隊開始封鎖南竿澳口，禁止島上居民離境；十二月，中央政府遷台，《戒嚴令》範圍納入金門、馬祖等「接戰地域」，亦開始實施軍事戒嚴。

不過，一直到此時，「馬祖」都尚未正式成形。雖然中華民國政府封鎖金馬，但解放軍並未立即嚴格管制海岸，馬祖莒光列島與福建長樂地區仍有往來。根據馬祖居民劉枝蓮的回憶，包含她的母親在內，有許多馬祖人一九四九年時都仍然滯留在福建長樂，「直到一九五〇年四月七日，母親搭上最末歷史航班，四月八日解放軍才正式宣布封港。」

此後經年，馬祖與金門一同成為前線戰區，與金門不同的是，馬祖並未發生像古寧頭戰役、八二三砲戰這樣的大規模砲戰與陸戰。在一九四九年後的中華民國戰爭史上，馬祖處於一種「長期備戰」，但僅發生過周邊海域的空戰，以及解放軍宣傳彈砲擊造成平民傷亡等事件（參見第一章「共軍宣傳彈擊中南竿中正堂電影院事件」）。

值得一提的是，在馬祖列島之中，東引島位於最北疆、與其他島嶼距離最遠，且設有「東引地區指揮部」，讓不少東引人有相當強烈的地域獨立認同。身為東引人的劉家國就說，他的不少鄉親都自認「我是東引人，不是馬祖人」，甚至有過上台領獎時大喊「東引萬歲」、將榮譽獻給東引的事蹟，「但可能不會說自己要獻給馬祖。」

因戰爭而凝聚的浮島，儘管一同被稱為「馬祖」已有半世紀之久，但在人們心中，仍然隱隱可見歷史遺留的、指向不同方位的細紋。

我們很邊緣

無論對哪一個島嶼的馬祖人來說，因「準備戰爭」而生的斷裂來得太快，但實際的戰爭，又彷彿一直沒有發生。長年的「枕戈待旦」歲月，讓他們不敢想未來，卻已習慣靈活地替自己與家人尋找保命的避難所。與金門曾經歷過大戰、有許多記憶想急著傾訴的感受不同，在歷史面前，許多馬祖人常常感到悶聲失語。

馬祖青年發展協會創會理事長曹雅評如是說：

我們很邊緣，所以很少主動表達自己的意見，都要看眼前的情勢再決定。不是因為短視近利，而是因為我們不敢想未來。長久的歷史告訴馬祖人，我們沒資格決定自己的未來。大家確實害怕戰爭、害怕衝突，但最害怕的是，下次戰爭到來的時候台灣人會拋棄我們、把我們直接讓給中共。是一直以來都很害怕。但也有些長輩會因此生出想要「投靠對岸」的心情，在各種害怕中長出一種奇怪又矛盾的想法。

原本不甚富裕、甚至分屬三縣管轄的「四鄉五島」，在軍管之後，卻成為國家重點建設的「模範前線島嶼」，許多馬祖人回憶起戰地政務時期「既管制又建設」的歲月，愛恨交織、滋味複雜，並不全是批評。

「那時候跟他們（國民黨軍隊）語言不通，多少都有衝突，但如果沒有國民黨，我們今天還是一個漁村，沒有這些建設跟投入啊。馬祖很多人是這樣想的。」南竿鄉馬祖復興村村長曹爾嵐說。

以鄉縣的中心「學校」為例，金門在清代即有總兵衙門署，各村落也有自己的學校，作為富裕的僑鄉，海外匯款給了金門當地不少建設，洋樓建築精雕玉琢程度不輸台灣本島。但馬祖不但一棟洋樓也無，第一所相對正規的學校，也是戰地政務的產物。

在馬祖高中的學生宿舍紀念碑上，明白記載：「馬祖固海上之荒島，神州板蕩，國軍轉進以還，始立政教之丕基。民國四十六年（一九五七年），為培植地區人才，提高文化水準，加強對大陸之政治號召，傾軍政全力，籌立本校於中隴山崗。」

換句話說，對於馬祖人來說，作為前線、住在軍營的滋味固然不好受，但另一方面，作為無悠久歷史、無經濟基礎的島嶼，因為這個前線的身分，中央政府與國防部才對當地多有建設。

離島工班招募不易，多由司令部率領軍人擔綱島上的建築工班，替居民修建公共設施、廟宇、學校等，而馬祖人也自這些軍人身上，著實賺取了不少收入。由二〇一六年度綜合所得稅申報資料來看，馬祖東引鄉的年所得中位數為八十六．四萬元，位居全台第三；南竿鄉為七十九．五萬元，位居第七，比台灣本島多數地區都富庶。

儘管原本的社會組織不同，但金、馬居民談起這段與「戰爭想象」相處的特殊歷史，仍有相似感受。戰地政務的生活，就像「全體住在軍營裡面」一樣，生活受到諸多限制。但兩島居民同時又非常恐懼被中共攻打、占領，害怕遭到新政權的清算，因此對駐軍產生出「軍民一體」的親密感。戰地政務同時帶給兩地龐大的就業機會，數萬駐軍的食衣住行亦讓小島民生經濟一度富饒，尤其是軍方留下的高粱酒廠，更早已是兩地的重要特產與青年工作機會來源。

「能夠留在馬祖的，通常就是可以開店做生意，可以賺阿兵哥錢的，沒辦法開店的，都會離開這裡去找機會。」馬祖居民林勁彪說。不少居民也同意，在戰地政務下，要麼能夠找到生意機會，加入駐軍產業鏈，否則就只能離鄉討生活。桃園市政府曾經做過統計，在桃園八德一帶工業區工作、定居的馬祖人，高達五萬人之多，比留在馬祖當地的一萬餘人，多出了四倍。

留在馬祖的一萬餘人，就這麼在一場未曾到來也不會結束的戰爭中，找到了生存之道。

一位在對岸福州和台北都購置了房產的馬祖居民，也是一位商鋪老闆告訴我們，就是因為害怕戰爭隨時再臨，所以他在兩岸都買了房子：「我們馬祖人在大陸買房子，最遠買到杭州、蘇州，最南到廈門，買最多的地方當然還是福州。街上開店的幾乎每家都買，買下來就出租。然後在大陸有一個職業收租人，每個月幫忙收租。」

「如果再像一九四九年一樣，有一天就突然宣布兩岸中斷交流、開始打仗，不管我與我的家人在哪一邊，我們都有房子可以住。」這位老闆補充。

而這位「兩岸地主」的商鋪裡，燈光昏暗、明顯已過季多年的商品上積了薄薄的一層灰，完全看不出坐擁數間房產的痕跡。

「他們都不喜歡多談自己的財產、房產，這也是一種馬祖人的性格，很低調。」自台灣到馬祖定居、後出任民進黨連江縣黨部執行長的陳廷豪如是觀察。但也有不願具名的馬祖年輕人吐槽：「沒有啊，馬祖人哪有低調？明明所有人都知道誰家的房地產在哪裡啊！」自外地來的陳廷豪，眼中所見的「低調馬祖」，於緊密的內部人際網絡下，卻是完全「陽光透明」、房產一覽無遺的。

在地青年曹雅評，進一步用兩地的高粱酒精準譬喻金、馬民情不同：「你喝過馬祖陳高了吧？是不是比較溫順、容易入口，不會像金門高粱風格強烈、像刀子一樣？」她說，「這就是兩地不同的風格，金門人比較悍，比較敢表達自己的意見，馬祖很講求和諧、比較溫和，這就是我們的文化，這樣你就懂了。」

金馬撤軍論風波

戰爭雖帶給馬祖人帶來了長時間的痛苦、不便與恐懼，但在兩岸情勢降溫後，直接走向和平，是否就能緩解當地的傷害？答案沒有這麼簡單。九〇年代，一次對於多數台、澎人毫無印象的「金馬撤軍論」風波，便曾深深傷害金門與馬祖人的心，至今影響這兩地的政治格局。

一九八七年，台灣解除長達三十八年的戒嚴，街頭民主運動生猛有力、不斷探索社會未來發展的可能。然而，與此同時，金門與馬祖的戰地政務體制並未同步解除，這導致了「大前線」與「大後方」出現巨大的時間差。

舉例來說，一九八八年，作為在野黨的民主進步黨在思索國家未來時，提出了「金馬撤軍論」，即兩岸應該走向和平、國軍應該自金馬撤軍，讓金門與馬祖「非軍事化」。但在未經溝通的情形下，乍然在媒體上接收到此一訊息，對於金門與馬祖兩島來說，很容易將之理解成是台灣「過河拆橋」、拋棄陣地的行為。

在台灣與澎湖解嚴初期，金門與馬祖的戰地政務尚未解除。部分軍方人士——以曾經在八二三砲戰時期駐守金門的郝柏村為首——甚至以國防安全為由，反對金馬解除戰地政務。直到一九九二年，部分有機會接受民主思潮的金馬青年，多次到立法院前抗爭、靜坐，才終於換得戰地政務解除的戰果。然而，即便戰地政務解除，留給台澎與金馬之間的隔閡，卻還根本尚未被指認出來，連形貌都還不清晰，遑論和解。金馬居民未必人人都知道自己承受砲擊與中美同盟之間的關係，但很直觀的「我替你擋子彈、你把我當外人」感受，在他們心中漸漸發酵。

持平來說，民進黨部分人士提出「金馬撤軍論」時，原意是希望將金馬「非軍事化」、成為和平區域，並非惡意，但卻引起金馬居民極大反彈。在一九八八年的《今日馬祖》月刊上，便刊出一篇名為〈請聽我們的聲音〉的地方人士聯名信，當中提到：

> 我們在新聞報導獲悉這項消息（撤軍），內心感到無比的震忿，因為國軍部隊假如撤除金馬前線，不但提供共匪進犯的機會，同時，馬祖數十年來建立起來的進步與繁榮，將毀於一旦。

除了再三陳述撤軍將使馬祖「落入共匪魔掌」，聲明更強調「沒有部隊官兵，地方各項經濟運作及重大建設趨於停頓，造成民眾重大的損失與傷害。」無論從安全感或憂心生計的角度出發，金馬撤軍論都震撼、傷害了當時的兩島居民。

在曹雅評的碩士論文〈捕魚好苦啊！戰地政務體制下的馬祖漁業及漁民家庭處境〉中，則有這一段：

二〇一二年五月回馬祖慶祝母親節，父親雀躍的與我分享「美國懷德公司」（按：當年有意於馬祖開設賭場的公司之一）進駐馬祖的事情，我才得知連江縣政府預計同年七月要進行「馬祖是否同意設置國際觀光渡假村附設觀光賭場」的公民投票。父親與母親的雀躍讓我非常驚訝與恐慌，沒想到如此有爭議性的議題，竟然在馬祖是一片倒的認同聲浪。（中略）

在反對賭場行動中，我不斷被質問：「二〇一四年就要撤軍了，你說馬祖該怎麼辦？」母親也曾反問過我這個問題。父母從結婚以來，所依靠的便是軍人經濟，從小吃店、老爸開的計程車、鐘錶眼鏡行、到藝品中心，全部都是仰賴軍人的消費而獲得發展與積累，而我也是軍人經濟餵養長大的，因此能理解這句話後面有多少的焦慮。

「撤軍論」出現後，金門、馬祖對「台獨運動」的冷眼與疏離，自過去到現在都沒有太大改變。在二〇二〇年的總統選舉中，有一「台澎黨」的主張也吸引部分金馬人注意。這主張台獨建國的政黨，黨主席是當年刺殺蔣經國一案的主事者鄭自才，該黨將台灣與澎湖列為「依法理獨立」的範疇，認為只有金門跟馬祖才是中華民國領土，而金馬居民可以公投決定自己的去向。這樣的說法，毫無疑問再度惹惱了金馬人。「台獨分子就是這樣，心裡不會有我們。以前幫他擋共匪，現在獨立就要拋棄我們。」對此，一名馬祖居民冷漠地說。

因為如此，在金門，民進黨的選舉仗打得艱辛。馬祖更是從未有過民進黨籍人物當選，也是全台唯一一個從未選出綠營公職的縣市。

藍的和綠的

二〇二〇年大選，民進黨青年候選人李問到馬祖參選，落選後，他並未離開，而是在當地替民進黨成立縣黨部，以不按牌理出牌的「非常規選舉」方式，讓馬祖在台灣的討論熱度大大提高（李問與其他青年世代到馬祖從政的故事，詳見第八章）。

但本島輿論在肯定李問勇氣的同時，難免也會提及馬祖總是「投藍」的背景，暗喻其傳統十分保守、親中，但其實馬祖本地人並不認可「投藍」就等於「統一」。馬祖資訊站站長劉家國就說：

（台灣人）以為我們說跟大陸（通水、通電）之後，我們會很願意跟他統一？誤會了，我們比台灣更不願意統一。但是馬祖這邊，我們也很務實，不會去嚷嚷、不敲鑼打鼓說我不喜歡他（中共）。我們把這些放在心裡，畢竟我們跟他這麼接近，他跟我們作假，我們也跟他作假。他跟我們演戲、我們（也）跟他演戲，就這樣。我們立委、議員啊，都很會演。大家都是演員，很好的演員。

在二〇二〇馬祖選舉的文宣中，確實沒有出現「兩岸統一」或「一國兩制」字樣。最後當選立法委員的陳雪生，在文宣上提倡的是馬祖必須成為「兩岸樞紐」，並未向前多走一步。被《天下雜誌》指為統戰組織的致公黨，在金門已經設立黨部、推舉議員候選人，但在馬祖並未推出候選人，也未有組織實績。

「去提什麼『兩岸統一』、『一國兩制』，在馬祖絕對沒有市場，這我可以保證。」選舉經驗豐富的復興村村長曹爾嵐如是說。

不過，金門的對面是廈門、馬祖的對面是福州，也影響了兩島人對中國的看法：「福州還好呀，沒有比我們好多少，我只是覺得去那邊玩比較便宜，如果它貴了，我就改去台北。」許多馬祖居民都如是說。跟金門人看廈門的心情，截然不同。

由於馬祖當地缺乏平坦土地興建大型商場，馬祖人一直都習慣在境外解決商業需求，「想去百貨公司，我可以去福州，也可以去台北，反正馬祖本來就什麼都沒有，我不會去想那些。去過福州，確實也沒有覺得比台北好多少，不會特別覺得中國比較好。」一名北竿的餐飲店店員曾這樣告訴我們。

至於「投藍」，復興村村長曹爾嵐這樣解釋：「我們並不是真的非藍不投，而是民進黨根本沒有給我們選擇的機會。」他是二〇二〇年陳雪生競選立委的團隊幹部，也是當地的重要選舉基層樁腳。他分析，在馬祖選舉要勝出，必須有「五同」：同學、同姓、同宗、同好（例如一起打羽毛球）、同村，沒有五同俱全，很難選上，而在這五同之中，又以「同學」最為重要。曹爾嵐分析，馬祖人口稀少，票好算，「同學願意替你拉票，你就會有勝算。」

而馬祖對外不便的交通、匱乏的醫療資源，又讓這小地方的人際關係緊密，長年以來難以產生真正的「反對黨」，有時，在交通與醫療環節上產生的人情與恩義，也讓「政黨輪替」變得更加艱難。當我們問曹爾嵐，為什麼多年來都替陳雪生助選，而非輔佐其他曹氏宗親候選人上位？他撫著膝蓋，說了一個長長的故事：

曹爾嵐的膝蓋素有舊疾，但囿於馬祖的醫療資源、擔心手術後的後遺症等等因素，他一直拖延著不願開刀。而作為地方民代的陳雪生，則是不斷地關懷、力邀他到台北進行手術，替他安排了最好的醫院、最好的醫生，就等著他搭機赴台。

陳雪生告訴曹爾嵐，執刀的年輕醫師是他自小就以獎助學金栽培的子弟，剛從國外學了最新的微創療法，絕對值得信任。只要讓這位醫師動刀，曹爾嵐膝蓋的後遺症，可望減到最低。

「但我還是在考慮，不願意去，」曹爾嵐如是說。

「為什麼呢？」

「我去了以後，從此就要幫他（選舉）了啊。」

不過，隨著膝蓋的情形不斷惡化，曹爾嵐再無太多選擇。他接納了陳雪生的建議，買了一張由南竿到松山的機票，不過，他依然沒有放棄做最後的掙扎。他告訴陳雪生，「我看那幾天天氣不是很好，如果不能飛，我就不去囉！」

飛機起飛當日，霧鎖南竿、雲高不足，曹爾嵐撥了通電話告訴陳雪生，老天爺不幫忙，實在沒法去啦！但接下來發生的事情出乎他意料。陳雪生在電話裡告訴他：「我替你查了，南竿沒飛，但北竿有飛，你現在趕快坐船去北竿，飛來松山，我在這裡等你。」（按：馬祖南、北竿機場視天候決定從何處起降）

待曹爾嵐舟機勞頓到了松山機場，眼前的景象更叫他驚訝：陳雪生親自開著車，在門口等他，預備送他到醫院手術。手術順利完成後，曹爾嵐本想掙扎著回馬祖休養，陳雪生卻告訴他：「你急什麼？後面病房我都給你訂好了，好好休息！」

「從此以後，我就幫他（選舉）了。」曹爾嵐說。一直到二〇二〇年的立委選舉，曹爾嵐都是陳雪生最忠實的基層助選大將。直到二〇二二年，曹爾嵐才向陳雪生辭行，改投宗親曹爾元陣營，為其助選。

如此由「五同」與在地生活交織出的緊密人際關係，本就不利於新競爭者的加入。「在馬祖當選，看似只需要幾千票，其實每一票的服務含金量都很高。你要任何一票改投給你，都非常不容易，」李問如此分析。

再者，站在馬祖人的角度，作為台灣最大反對黨的民進黨，在此前，可說一直都疏於經營馬祖。「說真的，我們也會希望有多一個選擇，但是民進黨要來，為何不早點來？連個黨部都沒有，要讓民眾相信你有決心耕耘，太困難了。」曹爾嵐說。

在市場賣麵線的攤販林勁彪，話說得更不客氣：「民進黨就是這樣，愛來選就選、落選就離開，相信他們的人，最後都死得很慘。」

林勁彪口中的「很慘」，亦與戰地政務的歷史脫不了關係。一名不願具名的椿腳指出，民進黨在馬祖沒有黨部、過往亦沒有長期經營的決心，「選完拍拍屁股就走，願意替他們掛看板、掛宣傳的居民，後來都會被國民黨跟軍方找麻煩，就生意突然不給你做，叫阿兵哥不准去吃你的攤位，過得非常苦，被大家一起指指點點，就說你是挺民進黨的，很多人後來都對民進黨心灰意冷。」

北竿芹壁聚落的精神標語（李易安／攝）。

他說，如果李問在選後還願意留下來耕耘、甚至成立黨部，大家才會相信民進黨這次是「玩真的」，也才有可能突破「五同」與「同學」的鄉村人際關係網羅，真的給外地人李問一個機會。對此，李問則在選前就公開宣布，自己會在選後繼續留在馬祖服務。

對於爭取馬祖居民認同，李問對自己很有信心。在某一次訪問行程之前，他塞給記者一堆自己精心製作的宣傳品，並舉起其中一條參加當地活動時獲贈的毛巾：「拿著拿著！這一定要的！」

打開一看，毛巾是白底紅字的「爭取最後勝利」，這是馬祖北竿村牆上知名的精神標語，由當年軍方刻在村莊牆上，與「解救大陸同胞」、「光復大陸」、「枕戈待旦」等標語一起，成為今天馬祖最著名的「戰爭遺跡」。

最後的勝利終究沒有來，卻也沒有離開，一如戰爭的影子，持續遊蕩在島嶼的上空。

第三章

金門，被戰爭關上的大門

（李易安／攝）

如刀般鋒利、如火般燒辣

二〇二二年春天，我們走在金門北山村的街道上，飢腸轆轆，準備給自己找點吃的。

這個村落位於金門西北角，是中國人民解放軍少數曾經踏足的「台灣土地」之一。一九五八年，共軍向這個啞鈴狀的小島發動攻擊，欲進行解放台灣、統一中國的大業，與此地守土的國軍，發生了激烈的巷戰。

村子裡的一棟洋樓成為雙方角力的主戰場，周邊的民宅全數成為彈靶。經過猛烈的搶灘進攻，解放軍曾經短暫占領此地，成立指揮所，預備進一步占領金門全島，但很快地，反擊的國軍格殺了多數的共軍，奪回北山村，守住了金門，也守住中華民國在台澎金馬接下來七十年的祚命。

至今，村子裡的民宅牆壁、紅磚地上，仍有密密麻麻的彈孔痕跡，成為觀光客拍照打卡的背景。我們到達的時間尚早，村子裡有開的熱食店只有一家賣麵茶的。年輕老闆熱心地介紹了這裡的特色口味，「加紅蔥頭的，台灣其他地方的麵茶都沒有，是我們金門的特色。」他將紅蔥頭灑進碗裡，仔細地攪拌這碗「金門特色」的麵茶粉。

「觀光客不來，你們還好嗎？」

「還好，台灣有一些人也會來。」

「這邊當初發生戰爭，你們家有去避難嗎？」

「有啊，阿公說去金城。」

「他有跟你說當初的故事嗎？」

「沒有，我跟他住在一起二十年，他什麼都不說。說不願意想起來，不要講了。」

「外面都在說你們會再次發生戰爭，你擔心嗎？」

「那你覺得呢？你覺得會發生戰爭嗎？」老闆反問。

這是金門人的精明與謹慎。對於外人想聊戰爭、兩岸與政治的話題，除非你是他信任的好友，又或者是少數比較願意分享觀點的民間政論家，許多人對政治總帶著一些含蓄與保留，多半希望先知道你的想法。

正在尋思該怎麼誠實又合宜地接住這一球，我們身後響起了另一個阿叔的聲音，「不會啦！什麼戰爭，都是政府在那邊煽風點火而已。」

阿叔是金城鎮上來的人，那裡是全金門最熱鬧的地區。他很篤定地說，「戰爭要發生不是這樣的，台灣人可能不曉得，我們金門人有經驗。」經過大約五分鐘對民進黨政府的嚴厲批評後，他說了一句讓人有些驚訝的話：「還有美國。我完全不相信美國人。」

在整個台灣的民調中，萬一兩岸發生戰爭，認為美國政府有可能會派兵協防台灣的比例，接近六成（五十五．八％），而且有五十四％民眾認為美軍可以有效保護台灣。阿叔這套「完全不相信美國人」的觀點，明顯與台灣主流民意認知有所出入。

「當初美國人是想放棄我們的，那個西方公司啊，還有私下來打聽問我們願不願意移民咧，去台灣、去巴西，說都可以安排，後來才又決定要留我們下來，反正美國人不可靠。」

不知道他是否把前來招攬移民的巴西仲介與「美國西方公司」混為一談，但美國想過要放棄此地，是不爭的事實，即便是再三宣布要反攻大陸的蔣介石，也曾經動過這樣的念頭。這些雖然已經是如此遙遠的記憶，卻仍然影響著金門中年人對「新冷戰」局勢的判斷與解讀。

相對於馬祖的壓抑與內斂，金門人確實像金門高粱，如刀般鋒利、如火般燒辣。金門的風格強烈，「金馬」並列時，馬祖的鋒頭往往會被金門蓋過，就連台灣的另一個知名的觀光離島——澎湖，即便有〈外婆的澎湖灣〉名曲加持，還是常常被誤認成金門。澎湖人常常被觀光客索要貢糖、高粱或風獅爺，甚至有些澎湖觀光業者直接放棄人生、迎合客人所好，開始販賣澎湖原本不存在的「名產」貢糖。

金門，就是一個這樣生猛有力、存在感十足的島嶼。

它曾是共軍一度登陸、差點就能「解放台灣」，最後仍被國軍全數殲滅的古戰場；它亦曾承受共軍數百萬發砲彈攻擊（見第一章「八二三砲戰落彈量統計圖」），最後仍挺過戰爭，迎來勝利。過去七十年以來，歷史將這座大陸外海的小島鎔鑄成一座冷戰要塞，而後又因「兩岸破冰」、台灣民主化的歷史進程急速融化，讓小島上的街道一度同時掛起五星旗與中華民國國旗，形成一地矛盾又嘈雜的風景。

每一個金門人，都是陣地裡的兵

「我還記得啊，那些砲彈咻……咻這樣飛過來，那聲音很特別，我還記得。有一顆，就掉到對面那間房子那邊。停止砲擊以後，我們走過去看，砲彈整顆都還是紅的，冒著煙的。」事隔七十年，金門「華華理髮廳」老闆林壬華仍然清楚記得，一九五六年「九三砲戰」時，共軍砲彈如雨般落下的情景。

華華理髮廳坐落在金門最繁華的金城後浦街區，在漫長戰地歲月中，是專門替中華民國國軍理平頭的店鋪。金門全盛時期，島上據稱曾有「十萬大軍」隔海與廈門對峙；十萬顆精悍平短的頭顱，多半是都經過林壬華的巧手，才能夠長年維持儀容。

林壬華回憶，全盛時期，他曾有一天理五、六十顆頭的紀錄，甚至常常要帶著理髮工具，到軍營裡提供服務，「一排一排這樣往下剪，手都沒辦法停的。」

林壬華的一生，從青年時期滾燙的砲彈到老來「閱頭無數」的巧手，正如所有金門人，生命歷史與一場漫長的國共戰爭緊緊相連。

命運讓金門、馬祖成為「兩個中國」對峙的最前線，也讓兩個群島在一九五〇年代時，成為多次砲戰、甚至是國共兩軍肉搏巷戰的戰場。讓林壬華至今仍印象深刻的九三砲戰，就是這一系列戰爭中的重要一環。

一九五四年九月三日，解放軍突然集結數百門重砲，向金門發射砲彈，根據後來的統計，共軍在十二小時內總共對金門發射了六千枚砲彈。五日，國軍奉令全面反擊，除了還以重砲，空軍戰鬥機也飛往廈門進行轟炸，一度擊中廈門車站，造成當地人員傷亡。

「整個金門就是一座大陣地，當年，每一個金門人都是陣地裡的兵。」生於一九七八年、戰地政務晚期的金門縣議員董森堡如是說，「你從大範圍來看，中國跟美國衝突的時候，台灣夾在中間；但在兩岸之間，你說台灣跟中國大陸衝突的時候，我們金門也夾在中間，就是這種感覺。」

一位熟悉金門歷史的受訪者告訴我們，有個村子在一九六〇年代發生過一件怪事：某天，一位少女夢到一位戰死在金門的阿兵哥，對方說希望和她冥婚（亦有一說是少女的父母被阿兵哥託夢）；抵死不從的少女父母於是帶女兒去廟裡驅邪，然而過沒多久，少女還是病故了，後來被村民供奉在一座小廟裡。

我們聽了之後好奇心大作，也不知道哪裡來的愚勇，找了民宿的老闆一起去廟裡看看。沒想到一進到廟裡，真的看見一幀少女的黑白照片放在主壇桌上，嚇得我們轉身就走。

研究都市傳說和「鬼故事」的學者，一般會將這類故事與歷史和社會脈絡連結，認為它們反映的其實是某個時代氣氛或徵狀。這個鬼故事的時代背景和社會意義，我們後來在哈佛費正清中國研究中心的美國歷史學者宋怡明的《前線島嶼：冷戰下的金門》一書中，找到了解釋。

在書中，宋怡明特別將金門女性的生活獨立成章，提及從大陸來的軍人起初心懷「反攻大志」，一般其實不願在金門娶妻；然而隨著反攻機會愈來愈渺茫，金門本地的女性開始嫁給軍人，軍方也會把婚姻當作治理工具，希望藉由聯姻促進「軍民一體」的共同體感受，讓村莊與軍隊關係更加緊密。

然而這種現象，卻在一九六〇年代開始式微，一方面是因為金門經濟開始好轉，另一方面則是因為金門駐軍開始由台灣徵召而來，而阿兵哥在台灣可能也有其他的結婚對象。但「陽剛」的金門，終究還是個「男多女少」的社會，於是急切的父母往往會及早開始為兒子物色對象，導致女性結婚的平均年齡不斷下降，女兒的「身價」和出嫁聘金也跟著不斷高漲。

如果我們將宋怡明的研究，和那位「被阿兵哥帶走的少女」的傳說對照著看，大概也能看到許多類似的元素：年紀輕輕即屆適婚年齡的少女、滯留在異鄉的大陸老兵想要娶妻，以及不願輕易讓女兒出嫁的父母。

肉骨茶香氣裡的金門銀行

在被「化為陣地」之前，金門的面貌是截然不同的。

在一九四九年之前，金門已有六百多年的集村歷史，並有強勢的傳統宗族部落文化，當地的李姓、陳姓等大家族各有衍派，環繞著宗祠為中心，是一個又一個的單姓村。

金門的歷史奠基亦遠超過台澎馬三地，根據縣政府的統計，金門自宋、明、清三地以來，總共出了五十位進士，文風鼎盛，被譽為「海濱鄒魯」[1]的盛譽。在二〇一六年縣政府主辦的「歷代進士文物展」中，文化局長呂坤和還不忘比較一番：「（同時期）台灣一個省才出了三十三位進士，金門一個縣就出過五十位，相當不容易。」

除了是廈門外海一富裕、有著悠久傳統與鼎盛文風的聚落，金門同時也可說是一座開放的、熙來攘往的國際島嶼，是中國東南沿海通往南洋的重點僑鄉之一。

僑鄉，意指一地區有許多人選擇僑居海外、將眷屬留在原鄉，中國沿海的福建、廣東省即有許多知名僑鄉，而金門，就是台灣最知名的僑鄉之一。

根據師大東亞系教授江柏煒的歸納[2]，近代金門曾有過四次海外移民潮。可考據的資料指出，第一次金門人大規模南渡，始於一八六〇年代，正是中國遭遇英法聯軍、面臨太平天國起義的時候，沿海各省連年戰亂荒災、耕地不足，生存困難，而通往海外的路途，則是「航路暢通，金廈咫尺，相互援引，其往南洋者，乃如過江之鯽，直視南洋做外舍焉。」

伴隨著英法聯軍而來的《北京條約》，也給金門壯丁「下南洋」提供了制度上的有利條件。條約中要求清政府取消「華工出洋」的禁令，使人民可以合法到海外工作。站在英法殖民者的立場，自是希望大量、廉價、吃苦耐勞的華工可以成為南洋殖民地的勞力支柱，而這也成為閩粵地區貧窮農民的翻身希望。

一八一九年，英國政府取得新加坡，首任總督萊佛士（Sir Thomas Stamford Bingley Raffles）不但將其打造為自由貿易港，更為了增加收入，將鴉片、賭博與性產業合法化，讓當時的南洋成為充滿熱錢與機會的翻身之地。也正因此，即便致富機會渺茫，「得歸者，百無一二；獲利者，千無一三」，仍然吸引眾人一搏。

根據歷史學家王賡武在《中國與海外華人》（*China and the Chinese Overseas*，書名為暫譯）的分析，這些華工一開始移居南洋的本質，是「僑居社群」（sojourning communities）而非「定居社群」（settling communities），這與「落葉歸根」的儒家文化觀念相關，而僑居地不穩定、不安全的政治現實，也增加了定居的難度。

1 鄒魯：孔子為魯人，孟子為鄒人，「鄒魯」指文教鼎盛的地方。

2 江柏煒，〈近代金門海外移民及僑鄉社會的形成〉，《金門日報》，二〇一一年十月十六日。

第二波的移民浪潮，發生在一九一二年至全球經濟大蕭條的一九二九年間。在一九一二年，新加坡的經濟持續繁榮發達，該年成立的新加坡華僑銀行即是該地僑資活躍的最好佐證。除了新加坡，馬來西亞、印尼等地的殖民地經濟亦蒸蒸日上，吸引大量金門男性外出求生。

直到一九二八年，新加坡通過《移民入境限制條例》（Immigration Restriction Ordinance），欲限制移民給本地人帶來的就業壓力，並於一九三〇年開始嚴格實施，規定成年男性華人移民的月配額為六千零一十六名（女性與十二歲以下兒童不受限制），這一明顯的本土排華趨勢讓金門移民數量大受影響，又適逢經濟大蕭條，白銀匯兌美金的行情下跌，有利於海外資金兌換回銀本位的國幣，促使部分僑民結算資產。

現在眾人到金門必訪的景點，被稱為「金門最華麗洋樓」的水頭聚落「得月樓」屋主黃輝煌，正是在此一時期將印尼經商所得匯回金門，開始在故鄉興建雕梁畫棟、中西合璧的洋樓，榮歸故里。

第三波與第四波移民的原因，與前兩波的移民動力不太相同，但都可說是因為戰事：第三波移民潮是源於中日戰爭，日軍占領金門，強徵民工、物資與土地，不少青壯年男子不願替日軍效力，逃到南洋投靠友人；第四波則發生在一九四五到一九四九年間，由於國共內戰，國民政府同樣選擇徵兵支援前線，導致當地人因戰爭持續外逃。

一九四九年後，金門被劃入中華民國僅存的控制範圍——「台澎金馬」四群島共同體之內，成為世界冷戰的前線基地，雖然仍與南洋有聯繫，但主要的移民地點就改以台灣本島為主。今日金門最熱鬧的金城鎮後浦街上，已經有超過百年歷史的存德中藥行，辛香撲鼻的五香粉味中，混著隱隱的肉骨茶香氣，以氣味銘記了這段歲月。

存德中藥行看來與其他古老的藥房無異，但在軍管之前、金門人踴躍「下南洋」的年代，要說存德中藥行是當年的「金門銀行」也不為過。家住在古寧頭的陳小姐回憶，童年時，只要存德中藥行的船班自南洋返航抵港，阿嬤便會牽著她的手，到存德中藥行「領爸爸寄回家裡的錢」。

在她的回憶中，存德中藥行總是萬頭鑽動、熱鬧非凡，阿嬤到藥行「取款」，有時也會購買一些家中需要的藥材。她興奮地要我們問問存德中藥行，是否還記得當年有一位陳某人，常常從新加坡寄錢回來？但面對詢問，老闆與經營團隊只能露出抱歉的笑容，說道：「不好意思，真的不記得，當初匯款的人太多了。」

存德中藥行作為「金門銀行」的過去，銘刻著金門作為僑鄉的歷史。而存德至今仍販賣的五香粉、肉骨茶包，則標記著金門前人「下南洋」的辛酸與成功的暢快。拆開中藥底的肉骨茶包，其香氣與一般市售料理包滋味截然不同，熬煮過後醇厚辛辣，只消喝下一口便會渾身出汗，彷彿可以體會百年前金門壯丁們在南洋碼頭與市街的辛勤：既覺得暑熱需要消除，又需要出汗解痧，此時來一碗正宗的肉骨茶，恰恰正好。

金門話，就像Wi-Fi

在金門採訪期間，我們多次聽到當地人提及一位回金門「尋根」的新加坡女士，後來與她取得了聯繫。她的名字是王淑貞（Lisa Ong），隔海採訪時，幾乎每秒都能感受到她對金門的熱愛。

王淑貞的祖母出生於一九一四年的金門後浦，在七歲時成為童養媳，而大家是已經在新加坡「落番」的金門人，於是她在還未完全懂事的年紀，就獨自乘船前往馬來亞半島頂端的一座小島。

直到一九九一年過世之前，王淑貞的祖母都沒能回家看看——因為彼時的金門尚未解除「戰地政務」，法理上依舊是個戰地，難以造訪。很巧合的是，她祖母過世的那年，正好也是冷戰結束的年份；因為冷戰而無法返鄉的祖母，最後跟著冷戰一起走入歷史。

王淑貞曾經問祖母「想回金門看看嗎？」她總會回答，「我為什麼要回去看那個拋棄我的國家？」然而祖母對金門終究是又愛又恨的——她生命最後幾年，即使神智已經不太清楚，卻仍會用金門話和別人說：「我是金門人，我是後浦出世（出生）的。」

出生於一九六〇年代的王淑貞，懵懂年齡時適逢新加坡推行英語和華語政策。對她來說，不論是金門話或福建話，都是落伍的老人說的語言，而金門對她而言，也是一個只存在於祖母口中的模糊地名。但二〇一四年祖母的墓地遭遇都市開發、被迫遷移，王淑貞不禁憐惜地想著，從金門流離到新加坡的祖母，沒想到連死後都要再次流離。為了遷葬而開棺時，她摸著祖母的頭骨，腦海裡突然浮現一個小女孩步下船的身影——「從那刻起，我就決定有天要去金門看看。」

二〇一九年，退休後的王淑貞帶著祖母的遺物，一連來了兩趟金門。她印象最深刻的是金門人的講的金門話，第一次聽到時，她說自己眼淚都湧了上來，「原來阿嬤講的話，不是老人的語言，在金門還是有年輕人在講的。」

雖然王淑貞受訪時只能用英語對談，不過仍會偶爾說出幾句金門腔的福建話，而她之所以想再回金門，很大一部分原因，其實跟語言帶給她的連結感有關。「但現在的年輕人不會說福建話，大概也不會再有這種情感紐帶了。那感覺就像，你的Wi–Fi沒了、斷掉了。」

這真的是一個很美的譬喻。的確，語言就像Wi–Fi訊號：它沒有形體，卻又非常重要，能連結許多東西。或許，語言就是當年「落番」、下南洋的金門人，唯一真的能攜帶在身邊的東西——房子土地是帶不走的，珠寶、金錢也有被偷走遺失的可能，但語言、口音是偷不走的。

王淑貞在受訪時還用了很多其他美麗的譬喻。比如她曾和很多新加坡人一樣，覺得歷史和記憶是「負擔」（burden），年紀大了之後卻覺得記憶是「錨固」（anchor）；後來想想，她又覺得這兩種東西，在本質上其實是一樣的——「因為要能成為錨，首先當然必須是個很重的東西，因而也就難以避免被視為沉重的負擔。」

在金門期間，她也經常感嘆金門和台灣年輕人，對於歷史、母語的保存意識比新加坡人好。「我很感謝金門的每個店家，繼續的存在那裡，讓我還能回來想像阿嬤幾十年前走過的街道，甚至能想像她在城隍廟前拜拜的樣子。」

結束採訪前，王淑貞說她還會再來台灣的。「畢竟我也算是台灣人嘛——我的祖母，是『台灣的金門人』。」

就這樣被固定下來

無論是下南洋的勇氣與富裕、對宗族號召的忠貞與團結，又或者對自身「文風鼎盛、海濱鄒魯的驕傲」，金門的「共同體意識」比起在一九四九年前面目模糊、分屬三縣的馬祖，要強得太多。

「我去過金門，覺得金門人是有扎根的人，我們卻是很流動的人，國軍來以前，我們祖先留在這邊一下、回去福州一下，但國軍來了，我們就這樣被固定下來。」曹雅評回憶，許多馬祖人都以為金門是跟馬祖差不多的環境，一登上金門之後，就會忍不住大聲驚呼：「地好平！有農業！有宗祠！」跟馬祖的環境相去甚遠。

這三聲驚呼，確實可以總結金馬的不同之處。馬祖面積小而多山，平坦的地面不多，可耕地也較少，又由於早年的「補給站」性質，雖有漁民合力建造的寺廟，卻未如台灣、澎湖或金門一樣，有完整的農村仕紳體系，自然也不會有仕紳階級才能興建的宗祠。論經濟與文化實力，小島馬祖在一九四九年以前更是無法跟金門相比。

總體來說，馬祖是原本只被當做中繼站的漁民之島，因為「被前線」，才有了建設與發展，提起戰地政務，總是心情複雜；金門則是富庶、家底厚實、移動自由的縣份，一旦「被前線」，命運立刻艱苦起來，怨懟也相對更多。

地球公民基金會執行長李根政是金門古寧頭人，他觀察，軍管解除後，本地經濟、文化根底較為穩固的金門人，心中總有股鬱結悲情，總覺得「台灣人虧欠我們」，有時甚至比本島人更熱中招商引資、開山伐林，試圖抓回過往失落的自由與財產權利、追趕那一波經濟奇蹟時沒有賺到的熱錢，「心態很像台灣本島的開發派。」

盤根錯節的宗族關係，加上強力的軍管體制，讓金門的基層政治長出了奇異的面貌。李根政說，一九四九年後，戰地政務開始，「軍隊與宗族鑲嵌在一起，深化了彼此、鞏固了彼此，軍隊需要宗族的合作，宗族長老為了家族生存，也會努力與軍方配合。到今天都沒有完全解開。至今選舉還是一樣，大家都知道，金門幾乎就是由姓陳跟姓李的家族推派的人輪流當縣長。」

而李根政自己本身的選舉經歷，可以作為最佳注腳。

李根政離鄉多年，平時不會參與故鄉宗親事務。二〇一六年，他擔任「綠社盟」（綠黨、社民黨聯盟）不分區立委候選人時，在完全沒有返鄉拜票，只在最熱鬧的十字路口掛了一張看板的情況下，在當地拿下一千一百四十二票，是所有縣市得票率中的第三高，甚至高於李根政長期從事環境保護工作的高雄市，僅次於台北市、桃園市。對此，李根政說：「真的沒怎麼回金門拜票，就是因為金門人知道我是當地人吧。」金門宗親威力，可見一斑。

金門，這以家族為基本單位的小島，在如今平靜的外表下，仍有著強大的凝聚力、向心力。它本是面向南洋的開放之地，卻在一九四九年之後，走上了與此前完全不同的命運。當戰爭的枷鎖被解開，原本令金門人驕傲的「海濱鄒魯」與「戰地英雄」身分，在「兩岸和平」的時代裡，艱難地匍匐前進了三十年。但在轉瞬之間，年輕一代的金門人現在又將面對戰爭的恐懼，以及如何在戰爭陰影中安頓家族成員的難題。

一九八五年生的金門青年王芩，她的丈夫來自北京，婚後隨她移居金門，兩人育有一對雙胞胎，在金門的歐厝村開設民宿為生。民宿的不遠處，便是知名的景點「歐厝沙灘」——遊客來到此地，除了因為美麗的海景，還因為沙灘上躺著一輛生鏽的M18「地獄貓」式驅逐戰車遺跡。這輛戰車由美國生產，在距今不遠的一九九〇年代，是國軍用來做戰車射擊訓練的標靶。後來，演習訓練場裁撤，但戰車依然遺留在此地。

「我們也想過，如果戰爭來了，是帶小孩子要去台灣呢？還是跑到北京？還是留在金門？」王芩說，「我們想了一圈，應該還是留在金門吧。」

王芩的阿公（爺爺）告訴她，八二三砲戰時，全家人曾到台灣避難，甚至已在台北松山附近找到了穩定的工作，本考慮就此留下，遠離戰火，「但阿祖（曾祖母）想念金門的親人，不想留在台灣」，於是全家又重回前線，生活至今。

金門海灘上海防裝置軌條砦。(Top Photo Corporation / Alamy Foto de stock)

如今，自己也育有兩個幼兒的她，深切明白了這種留與走之間的矛盾心情。「你說金門危險嗎？確實，一直都很危險。對金門人來說，『離開』似乎是一件天經地義的事，但又不是如此。」

除了一對雙胞胎尚在襁褓、移動不易，返鄉多年，王苓與姊妹、夥伴們一手一腳地努力，在金門打造出一方小天地（王苓與金門青年的創業故事詳見第六章），也可說是她的另一個孩子，讓她難以割捨。

「在一個地方投注心力這麼久，不容易說走就走……也很怕我自己，走了就不願意再回來了，」王苓說，「所以對金門人來說，離開，並不是一件這麼容易的事情。」

第四章

台澎金馬邊界的形成：《中美共同防禦條約》與金馬戰地政務

（李易安／攝）

當年幼的金門「華華理髮廳」老闆林壬華在金門街上與兄弟姊妹、左鄰右舍一同倉皇躲避「九三砲戰」砲彈同時，尚不知道他們的痛苦，正劇烈牽動台灣的命運。當時連串的外島危機，促成了《中美共同防禦條約》（以下簡稱《防禦條約》）簽訂，保障了台澎金馬的安全，也意外地讓蔣政權「反攻大陸」夢碎。

根據林孝庭的研究，當時美國不但不願意支持蔣介石反攻大陸，甚至連簽訂《防禦條約》都十分猶豫，直到九三砲戰時，美國才做出決策，與蔣介石政權簽訂《防禦條約》。《條約》不但阻止中共繼續對台灣外島發動戰爭，同時也等同對國軍的「反攻大陸」發出禁令，讓中華民國的統治疆界最後僅能以「台澎金馬」作為勢力範圍的結果，幾成定局。

而在《防禦條約》簽訂後兩年，一九五六年，金門與馬祖的「戰地政務」時期正式開始。國際的戰爭風雲，成為此二地居民的沉重枷鎖。金、馬二島在美國、中國大陸、蔣政府三方湧動的角力下成為前線「要塞」，這一改變，便長達三十六年。

一九五〇年代的「外島選擇／危機」

話說從頭，金、馬二島作為「台灣前線」的成形過程，必須放在一九五〇年代中華民國中央政府遷台後的一系列「外島危機」與「外島選擇」的脈絡下來看。

一九五〇年，韓戰爆發，該年下旬，中共招募四十萬志願軍「抗美援朝」，於十一月跨過鴨綠江，進入朝鮮半島，協助北韓對抗聯合國部隊。蔣介石在台灣各地視察部隊、向官兵精神喊話，為反攻大陸做好準備。

此時，中華民國部隊仍在浙江外海控制一系列島嶼，包括後來執行「大撤退」任務的一江山島與大陳島等島嶼。相對這些浙江外島，金門與馬祖則屬於「福建外島」，均是中華民國布置防線與非正規游擊隊伍的據點。

換言之，在韓戰當時，以「台澎金馬」為四界的「四九年後中華民國」國境尚未成形。在蔣介石與國軍將領們的戰略地圖上，金、馬尚不是唯二與中共對峙的前線島嶼。

那麼，在韓戰時期，「四九年後中華民國」的「外島」，是如何從「浙江、福建群島」演變為「金馬」兩大陣地？

根據林孝庭在《意外的國度：蔣介石、美國與近代台灣的形塑》中的研究考證，韓戰爆發後，蔣介石第一時間本擬向美國提案，派遣中華民國政府軍參戰，協助聯合國部隊對抗北韓軍隊（一開始共軍尚未參戰）；蔣介石還一度打算要求美國，讓國軍部隊借道朝鮮半島，打回中國東北，完成反攻大業。

但隨著戰事延燒，中共派遣人民志願軍加入戰局，蔣介石反而「展現出冷靜與理智」（林孝庭語），他在整體評估過後，認為華府不會讓國軍參與韓戰，也不可能同意「借道」讓國軍打回東北。根據蔣介石一九五〇年十一月七日的日記，他在當時預測，讓國軍的海、空軍在中國大陸東南沿海地區執行「有限度的軍事行動」，用以牽制中共，將是國民黨日後可為韓戰出力的少數可行方案。

在林孝庭的研究中，美方實際上並未完全反對反攻計畫，反而是蔣介石個人因一向忌憚孫立人，擔心若與美方合作進行反攻大陸計畫，美方可能更屬意西點軍校精英孫立人來掌兵符等等，以至於蔣介石對反攻大陸計畫十分保守，與蔣政權對國內軍民大力宣傳「反攻必勝」的激昂，呈現劇烈反差。

無論美方與蔣介石的盤算為何，包括金門、馬祖在內的福建與浙江諸島，就是這盤「海島反共」計畫的根據地。

當朝鮮半島戰爭方酣，這些東南沿海的群島，也漸次被打造成反共基地。一九五一年，美國中央情報局開始以「西方公司」（Western Enterprises Incorporated）名義，在台北設立基地，將美方提供的軍事訓練系統與武器經由台灣轉送至浙江、福建外海的小島上，用以整編當地反共游擊隊勢力，統一指揮。

同年，蔣介石愛將胡宗南在大陳島上成立「浙江省反共救國軍總指揮部」與浙江省政府，象徵中華民國政府仍有控制「總統故鄉」的能力。接著，位於福建外海的金門、馬祖也設立了據點，而淡水、澎湖馬公與金門則成立了西方公司主持的訓練中心，教授游擊、敵後工作、戰鬥情報等訓練課程。

根據一份一九五二年三月的解密文件顯示，在西方公司成立的短短一年之內，已經有一百四十九名學員完成訓練，被空投到緬甸北部、雲南與海南等地，從事敵後工作。

當然，除了自國軍的另一「反攻角」西南邊境重返大陸，自東南沿海列島出兵的各類軍情行動，亦從未斷絕。一九五三年，由金門防衛司令胡璉所發起的「東山島戰役」，就是其中一次經典戰事，參戰國軍高達一萬餘人，向當時共軍控制的東山島發起兩棲作戰。

然而，東山島戰役後，國軍未再對中共統治領土發動過如此大規模的戰事。相反地，接下來的幾次大型軍事衝突，都以共軍攻擊中華民國統治的外島為主。其中，本章最開頭提及的一九五四年共軍砲擊金門的「九三砲戰」，很可能就是促成《中美共同防禦條約》的「推手」。

外島的犧牲：砲戰聲推進台美協防

一九五四年九月三日下午五點，解放軍在廈門集結數百門火砲，突然向金門發射砲彈，一時之間，金門充斥著震耳欲聾的砲聲與各式建築物遭擊中的巨大聲響。開戰的前十二小時，共軍對金門發射了超過六千枚砲彈；中華民國國軍則自九月五日開始反擊，派出戰鬥機轟炸廈門。

此後，雙方相互砲擊、空戰未歇，一直到一九五五年方告一段落，被稱為「第一次台海危機」，與其後的八二三砲戰、一九九六年台海飛彈危機，並稱三次台海危機。二〇二二年，美國眾議院議長裴洛西訪台，引發共軍飛彈試射演習，亦有人認為是第四次台海危機。

讓我們將時序倒回一九五四年，探究造成金門平民共六十餘人死亡、無數民房被毀的九三砲戰，為什麼極有可能是美國與蔣介石締結《共同防禦條約》的最主要近因。

九三砲戰前夕，被稱為「亞洲版北約」的「東南亞公約組織」正要成立，一些歷史學者認為，毛澤東在此時砲擊金門的原因，即是為了嚇阻東南亞公約組織，不得把中華民國納入會員。然而，砲擊的行動卻讓當時在菲律賓馬尼拉進行訪問的美國國務卿杜勒斯（John Foster Dulles）改變了他對《中美共同防禦條約》的看法。根據林孝庭的研究，在一九五四年九月一日，杜勒斯自華府啟程時，美方對於跟台北締結軍事協防條約的態度，依然是推遲進行，並無立即簽訂的計畫。

然而，九三砲戰的發生，「提供了蔣介石一個充分的理由來說服華府，簽訂一項協防條約對維護台海局勢、嚇阻中共採取軍事行動，乃具有重要性與迫切性」（《意外的國度》，頁三三一）。九月九日，杜勒斯自菲律賓返美的途中，臨時決定在台北停留五個小時。這次短暫的會晤讓蔣介石得以當面向杜勒斯表達中美簽訂協防條約的重要性，也換來杜勒斯承諾，華府不會對蔣介石的心聲「充耳不聞」（頁三三三）。

同年十二月三日，杜勒斯代表華府在美國與中華民國政府簽訂《中美共同防禦條約》，這項條約直至一九八〇年一月一日才因中美斷交而終止。在關鍵的二十五年中，《條約》確保了中華民國在台灣的生存與安全，但對於一心重返大陸的軍民來說，也如一把雙面刃，緩慢地削光了中華民國政府反攻大陸的可能性。

總體來說，在五〇年代一連串的國共衝突中，金門與馬祖的角色除了是「陣地」，更像棋子，成為兩岸政權與美蘇等列強談判折衝的籌碼。

《中美共同防禦條約》簽訂之後兩年，即一九五六年，金門、馬祖兩地正式進入「戰地政務」時期，在中華民國的國境之內，金馬居民注定成為特別而例外的存在。戰地政務時期採取的嚴格軍事管控、「全民皆兵」的要求，以及在互有攻守的戰爭前線生活、日日活在交戰恐懼中，帶給所有金馬居民不可抹滅的生命印記。

「共同防禦」時期：金馬「要塞化」

口令下的生活

戰地政務，簡而言之是將金門、馬祖兩島長期「要塞化」，所有生活其上的居民都進入軍事管制生活，軍方派遣的將領就是金門、馬祖兩地實質的領導人，兩地的縣長必須聽命於防衛部司令官。

為了備戰，金馬兩地實施嚴密的戶籍管理政策。當地居民不得隨意遷移戶口，就連在島上的其他村落過夜也必須受軍方管制、監控。此外，金馬居民前往台灣必須向官方登記報備，一般台灣居民進入金馬地區，也受到管制。不只如此，就連通訊也嚴格管控，往來金馬與台灣的郵件會受到政治檢查，台灣與金門、馬祖之間的非軍用電話，則一直到一九九一年才開放自由互打。

在戰地政務時期因備戰需要，金門、馬祖全島實施長時間宵禁。晚上九點過後，島上各重要路口都設有崗哨，必須知道當天的通行口令並持有通行證才能通過，口令的內容日日不同，從當時司令官的姓名到「鄧麗君」都有之。然而，多半只有軍方高層或有機會與軍方接觸的人士，才有機會知道通行口令，一般百姓就算是生了急病或臨盆在即，也不能任意通過。

「我太太要生第二胎的時候，就是在晚上，她都已經羊水破了，軍人說不讓我們過就不給過，還是問東問西，我真的氣了，跟他大聲說，我太太就要生了！我們還能去哪裡？最後才放我們過去，差一點點（就來不及了）！」居民劉木水（化名）如此回憶。

不只行動自由受限，戰地政務下的金門、馬祖全體居民還必須「人人皆兵」，加入「民防隊」，擔綱軍隊的後勤與醫護工作、替軍用物資搶灘。全島民眾不分男女，都必須接受軍事管理，學習用槍、傳令、包紮、替軍隊補給等等軍事技能，婦女只有懷孕才能免除服役。甚至，當軍隊出現逃兵時，全體島民還必須跟著放下手上工作，參與搜尋失聯官兵，如此這般，在備戰與生活不分的狀態下，度過了三十八年。

如今的人們可能很難想像，當我們踏上島嶼，路上偶遇看似平凡的老一輩金門、馬祖人，無一例外、不分男女，都可說是「退伍老兵」，曾與數萬國軍一同戍守前線。

戰鬥村

以金門自衛隊為例，其成立於一九五三年，由縣政府成立民防指揮部，並在各鄉鎮、村里設下民防大隊與民防中隊，不但有運輸隊、工程隊等編制，也有婦女隊。自一九五六年開始，全島不分男女，只要到達一定年齡，便會由軍方指揮編配任務，擔任消防、防毒、防空、救護、搶修、運輸等作業，也要扛起自身村落防禦及自衛戰鬥等任務。

一九五四年出生的劉木水，就是其中一名民防隊員。他從國中開始擔任村子裡的傳令兵，每次軍事演習時在村中的坑道奔跑傳令，讓大人了解當前情資。村中的孩子嫻熟地形，「地面跑一跑就進坑道，坑道跑一跑就出地面」，是最佳的傳令兵。

劉木水與同輩孩子當年來回「傳令」的村中坑道，是由父輩男丁親手挖掘建成的。待到年紀稍長，他們也必須加入坑道工程的行列，輪到更幼小的弟弟、子侄奔跑傳令。在金門，許多人家中至今尚存上一輩親人挖掘的古老避難坑道，在軍方設計的「戰鬥村」中，坑道更是密集交錯、完全不輸正式陣地。

位於金門島正中央的「瓊林村」便是其中經典。它是金門第一個示範「戰鬥村」。

走進瓊林村，造型優美、綿延不絕的閩式古厝總會吸引遊人目光，村中亦有知名新加坡華僑領袖蔡嘉種興建的洋樓「養拙樓」，乍看之下，就是一子弟功成名就、返鄉建設的富庶閩南村落而已。

誰也想不到，在華美的建築群底下藏著一千三百多公尺的坑道，共有十幾個隱蔽出入口，全數設在位於交通要衝上的民宅裡，只有軍方與村民知曉位置。萬一敵人來襲，村中的人會立即進入坑道，展開後勤、運輸、情報工作，村口的機槍碉堡則負責抵禦敵人，追求「將敵人擊斃在陣地之外」的目標。瓊林村周邊甚至還有一些假墳墓，表面上是普通的墳地，其實內裡挖空，有空間可以藏機槍手，這些都是準備來與共軍交戰的設施。

為了在戰爭時發揮「軍為主、民為輔」的戰略目標，甚至負責打造「戰鬥村」，金門的民防隊隊員每年都必須花費一個月的時間參與演習，才能完成由民轉兵的任務。每年時間一到，全體民眾就動員起來，緊急集合、組裝槍枝、進入陣地，接著演練各種戰備狀況，反覆測試、演練每個步驟。

金門高中的退休教師陳佳玉（化名）也是民防隊的一員。她回憶，女性當年要從國中開始學習護理課程，為在戰時給傷兵包紮、處理作準備；到了高中，就開始上打靶課程。後來她當上了老師，但金門教師與一般教師不同，一開始就肩負「背槍上班」的任務，隨時準備要在戰爭來襲時負責保護學生。

「以前是地獄」

金門「戰鬥村」的實際備戰情況，究竟多麼全面徹底呢？

「開始演習的話，（我們自己的）軍方甚至會派員假裝成共軍或共軍前來刺探情報的人員，會來跟你攀談、看你的反應，如果你沒反應，還很開心跟對方聊天，你就完蛋了，這關算是沒有通過。」劉木水解釋，金門島上的軍事演習十分細膩，都是「來真的」，萬一沒通過測試，村長與村幹部就會遭到處罰，壓力所及，所有人都戰戰兢兢。

陳佳玉也說，民防隊的年度演習，絕非花拳繡腿，「我們年輕的時候，從裝槍、拆槍、清槍、打靶，都要經過反覆練習，不可能摸魚。」

不過，她也回憶，不管怎麼努力練習，一般民眾的戰鬥實力畢竟與專業軍人有距離，「我們以前打靶，是一次六發子彈，有一次打完，我檢查自己的靶，發現上面竟然有十顆子彈！」陳佳玉與「鄰兵」忍不住苦中作樂地大笑起來，「我們本來覺得是她把自己的四發打過來了，後來想想不一定，可能我的六發也有好幾發跑到另外一靶去了！」

雖然不可能將全部的民眾鍛鍊成專業軍人，但這種將全體老百姓編列入隊、化普通村落為堡壘的做法，在兩岸交火最激烈的「八二三砲戰」中，發揮了一定功效。在砲擊最猛烈時，民防隊必須冒著砲火，衝到碼頭搶運軍需補給物資，好讓正規部隊留在陣地中待命，保存攻擊實力。也因此，在戰爭中，民防隊多有傷亡，工作艱辛。至於平日的演練，不但造成生活煩擾，高強度的軍事訓練，也對居民造成實質的身體傷害。

瓊林村的民防博物館中便記載，當時的婦女要一邊負擔家務一邊接受軍事訓練，實在太勞累，有一次，一名婦女因為疲勞過度而打起瞌睡，手上的刺槍不慎落到前排的「鄰兵」身上，在另一位婦女身上劃出了一道長長的傷口，嚇壞眾人。

女性即便遇上生理期，甚至是小產後身體虛弱，也幾乎無法得到軍方諒解，「帶隊的都是男生，多數都沒有結婚，誰聽得懂妳講這個？聽得懂他也不管妳。」高齡七十九歲的金門古崗村村民王瓊玉回想起過去的日子，忍不住說：「以前是地獄啊！你們現在，就是天堂。」

也因此，有不少人努力躲避這場彷彿無休止的「兵役」，女性更是寧願生子、不願當兵，「我為了不要去當民防隊，就跟他們（軍方）說我懷孕了。但這不能騙太久啊！我只好真的去懷孕，幸好很快就真的懷上了。」說起過往的歲月，高齡八十歲的陳奶奶（化名）忍不住偷笑了一下，「我也不想騙人，但有什麼辦法？做民防隊太累了！我寧可去生孩子。」

一般性的民防隊訓練已經夠累人，萬一又遇上「逃兵」事件，更是讓金馬居民草木皆兵、緊張萬分。一九七九年，當時仍為中華民國籍的現中國知名經濟學家林毅夫（原名林正義），在金門距離廈門最近的「馬山連」擔任連長，泅水離台至廈門投共，給金門小島生活投下震撼彈。

林毅夫的叛逃動員了全體金門居民投入代號為「雷霆演習」的尋找逃兵行動，更因傳說他是「抱著籃球游泳到廈門」，讓軍方更加嚴格管制金門人持有籃球、水桶等可做浮板的生活器材，使得日常用品成為管制品。雖然林毅夫後來稱自己「不需要抱球就可以游過去」，卻依然讓金門民眾承受了長年的「球管」歲月。

不只「球管」，戰地政務時期的軍事管制，讓現今人們難以想像的諸多生活物品成了金馬地區的違禁品。例如：禁止飼養鴿子，以防鴿子成為向對岸送信的工具；禁止放風箏，因為可能會被用來向對岸傳送信號；攝影機、收音機等生活用品也不例外，在嚴格管制之列。連漁民到海邊從事漁業，都要持有「漁民證」、「蚵民證」等證件才能下水，且必須在規定時段下海，不管是否符合潮汐規律。若持有相關證件的漁民違反宵禁等規定，證件便會被沒收，成為軍方管制民間活動的另一利器。至於被認定有「匪諜」嫌疑的居民，則直接以軍法審判、處刑，被冤錯假案羅織入獄者，不知凡幾，至今仍未迎來一次仔細而全面的轉型正義。

平行時空

在戰地政務解除初期，金馬軍民對自己的這段「保家衛國」的戰地經歷，感到十分驕傲。董森堡觀察，戰地政務剛剛解除時，金門男生不必再到民防隊服役，開始跟本島男生一樣，服一般國民兵役。軍中長官知道他們的金門出身後，動輒激勵他們，「你們金門來的，不可以拿第二名啊！」而金馬男兒也確實體能過人，「每一項體能、戰技、打靶真的都是我們冠軍啊！這就是我們戰地的驕傲！」董森堡眼中閃現著得意的光芒。

然而，當這樣的戰士驕傲，遇上民主化、本土化之後的台灣，卻因為金馬戰地記憶未能被台灣理解，讓許多老戰士們出現有志難伸的鬱悶，最後甚至演變成一種「被台灣拋棄」的感受，成為台灣本島與金門、馬祖居民之間的心結。

再者，兩島的經濟發展長期受到限制，金門並未搭上台灣經濟起飛的列車。在地青年王苓說，台灣人親身體驗的「經濟起飛致富」的過程，對她來說只是課本上的名詞，「直到去台灣讀書、認識台灣朋友之後，才知道，很多人的長輩真的在經濟奇蹟裡面發了財或破了產。哇，原來奇蹟是真的，我們則是在另一個平行時空，靠軍人生意致富。」

身在前線，許多金門人的生計與駐軍緊緊相依，待到和平時期，駐軍撤離，對當地的經濟是巨大衝擊，而一個長年備戰的軍事島嶼要轉型觀光，亦不那麼容易。

此外，在解嚴之後的台灣，大家對於金門與馬祖居民的茫然與焦慮，始終理解不深。

雪上加霜的是，「金馬撤軍論」出現後，讓許多金門人選擇冷眼相看「台獨」思潮。再者，由於地理上的阻隔，讓金門相對與廈門親近、與台灣本島疏遠；加上金門與馬祖未與台灣本島一樣，歷經過五十一年的日本殖民統治（僅金門曾被短占領），在許多細微的文化、語言與慣習上，都和台灣本島有所區別。加上戰地政務時期，台灣民眾並不能隨意到金門旅遊；金門人要到台灣來，也必須辦理戶籍，這些讓許多金門人原本就對台灣有一定的疏離感，在台灣本土意識高漲的年代，更形成了不少衝突與誤會。

舉例而言，劉木水便和許多金門人一樣，認定自己「不是台灣人」，但這並不意味著他們願意投向中共的懷抱。劉木水解釋，自己的戶籍是「中華民國福建省」，「跟台灣沒有關係」，在地理上，法律上也將「台澎金馬」四島並列，金門島確實不屬於台灣島的一部分，「我會說自己是金門人，也可以說我是福建人、中國人——我說的是中華民國的那個中國——但我不是台灣人。」

這些金馬居民的想法，由曲折而漫長的歷史脈絡造就，也讓金門老一輩選民與民進黨、台獨運動始終保持距離，甚至頗有敵意，讓金門成了許多台獨分子眼中「又紅又統」的地區，擔心它會成為「中國滲透台灣」的跳板，甚至出現「金門是否會是台灣克里米亞」的爭議（詳見第二部第八章）。

但若從現在回看一九九二年，台、澎解嚴之後，日漸成形的「獨立台灣」共同體，自一開始，就落下了曾經以身家性命替「大後方」抵擋共軍、換來《共同防禦條約》的金門與馬祖。

在某種意義上來說，金門、馬祖與台灣、澎湖之間，存在著一條隱形的界線。無論在實體的空間還是過去漫長的記憶上，金馬與台澎的居民，過日子時翻的好似不是同一本日曆，更常常活在不同時空。

更令人尷尬的是，嚴格來說，今日的金門與馬祖，實際上位於中華人民共和國控制的水域之內，等同於台澎金馬共同體之間的（海上）飛地（行政上屬甲地，所在地卻位於乙的地域）。今日的台澎居民之所以很難感受到這條邊界，是因為前往金馬的班機暢通，但萬一戰爭再起，台澎與金馬交通阻斷時，這條「進入前線陣地」之前必須穿過的無形邊界，就是清晰而肉眼可見的了。

對於地理學界而言，上述金馬的「雙重邊界」狀態，是一種獨特的現象。台大地理系教授徐進鈺研究認為，作為邊陲島嶼的金馬，反而是中華民國展現合法性的空間核心，「金馬的『雙重邊界』（按：與中華人民共和國有國境邊界，與台澎則有隱形邊界）……反而讓肩負『反攻大陸』大業的中華民國得以保存在高度軍事化的金馬雙重邊界內，讓台灣本島成為『例外』。此例外性構成了台灣在一九六〇年代參與『新國際分工』，納入美、日廠商主導之全球商品鏈的空間基礎。」[3]

回顧這漫長而艱苦的歷史，是「金馬」造就了今日（包含台澎金馬的）「台灣」；屬於金門與馬祖的尷尬，並不單單歸屬二島，而是台灣特殊命運的縮影，是祕密身世的關鍵情節。

金馬邊界的雙重性，由來於一個又一個關鍵的歷史事件。一九五四年的金門九三砲戰促成了《中美共同防禦條約》，切斷了中華民國反攻大陸的可能性，而自一九五六年開始的戰地政務，卻在蔣政府實質上不可能反攻大陸的情況下，成功地在象徵意義上維繫了「我們還可以反攻」的幻象，讓中華民國解決了認同危機與生存問題，得以開始嵌入國際貿易體系，書寫經濟奇蹟的篇章。

金門與馬祖，就這樣，在戰爭與和平的邊緣，在中華民國與中華人民共和國的角力，以及美國橫跨太平洋的牽制與平衡當中，逐漸長成今日複雜的面貌。

3 朱凌毅、徐進鈺，〈意外的邊界：金馬邊陲如何打造台灣？〉Chu, L.-I., & Hsu, J.-Y. (2021). Accidental Border: Kinma Islands and the Making of Taiwan. *Geopolitics*, 1-21.

第二部

獨立台灣的異鄉人

前言　往何處去？

一九九二年十一月七日，金馬戰地政務實驗終止了，大街上人人喜形於色；幾個民間團體，更是把這個日子當喜事來辦，金門，是在轉變中。由《金門報導》發起的「燃放千尺鞭炮慶祝金馬解嚴」活動，從金城鎮公所迤邐近千公尺的一長串鞭炮，在縣長陳水在、議長盧志權、《金門報導》社長楊樹清和我燃香點放之後，炸起一片煙硝。鞭炮聲震耳欲聾，一路劈里啪啦，幾個武術社舞獅隊也隨著砲光與煙火舞動起來。這一幕，熱鬧又溫馨，在歡愉中，金門人彷彿看到了新的希望。

——龔鵬程，〈金門新時代之夢〉

還記得戰地政務終止的民國八十一年十一月七日那天，金門用了一百一十七串鞭炮燃放慶祝這個日子，而馬祖那天我在山隴品樂商店前與陳貴忠兄象徵性地與金門連線放鞭炮之時，見多數的鄉親以狐疑和逃避的眼神面對我們，我那時的心情錯綜複雜、悲涼又無奈，實在難以形容。

——曹原彰，〈那些年，我們一起反軍管〉

距今整整三十年前，一九九二年的十一月七日，一串鞭炮分別在金馬兩地同時炸響，是兩地爭取戰地政務解除的居民們跨島約定，以兩地「連線放炮」的方式，慶祝戰地政務解除。

一九八七年，台灣解嚴，金馬卻遲遲未解除戰地政務，高階軍方將領如郝柏村等人，甚至仍以國家安全為由，認為金馬戰地政務不可解除。一九八九年，一群金門、馬祖人前往台北街頭遊行，爭取「解除軍管、縣長民選、開放觀光、興建機場」，引起輿論注意，改變政策決定，方迎來金馬回歸正常憲政體制的一天。

戰地政務解除的鞭炮聲響起，同一時間，另一座島嶼——香港——之上，逐步改寫兩岸關係的一次密會，正在如火如荼進行。

根據歷史記載，金馬戰地政務解除的前一週，一九九二年十月二十六日至十月三十日，代表台灣方的海基會與代表中共方的海協會，在香港為了一九九三年即將登場的「辜汪會談」而先期舉行了事務性協商會議，並於十一月初交換了雙方對「一個中國」的認知。這次會議的結果，後來被稱為「九二共識」（國民黨版本）或「九二年會談事實」（民進黨版本）。

金馬戰地政務的解除，與兩岸「九二共識」／「辜汪會談」同時發生，既可說是歷史的偶然，也是一種必然。

「金馬」作為一組地理概念，誕生於一九四九年、起因於國共內戰，以法定的「戰地」身分成全了「中華民國台灣」體制；又在「中華民國台灣體制」與中共政權恢復會談後，於法律上解除了「戰地」身分。

一九九二年的十一月七日，二島的鞭炮聲劃過青空，各自飄散到遼闊的海上，意味著中華民國政府對金馬二群島長達三十六年的嚴格軍事管制時代，在體制上正式落幕。

然而，戰地政務解除，並不意味著兩島從此擺脫戰爭的重軛，迎向和平繁榮的幸福生活。長年的軍事管制，讓兩地的政治、經濟與社會結構與軍方密不可分，尤其是數十萬大軍帶來的民生消費需求，一旦抽離，小島將何去何從？

在曹原彰的紀錄下，馬祖鄉親那「狐疑、逃避」的眼神，道盡了許多島民內心最深處的茫然與緊張。

然而，龔鵬程在千尺鞭炮的煙硝與喜慶中，看見「人人喜形於色」，也是無比真實的。面對未知，固然令人恐懼，卻也有不少人抱著躍躍欲試的興奮感。

在接下來的三十年裡，賭場、高粱與小三通，都曾經在不同時期成為金馬人的寄託與希望。寄託那「趕上台灣經濟奇蹟」的夢想，希望為大軍撤離後的島嶼找到新的發展方向。

自一九九二年開始，往後的三十年裡，金馬呼吸著和平、練習回憶戰爭，摸索新時代下的身分認同，也思考島嶼發展方向該往何處去。

本書的第二部，就是關於金門與馬祖慢慢練習「脫去軍裝」，換上島嶼民間服色的故事。

第五章

撤軍之後：賭場、高粱、小三通

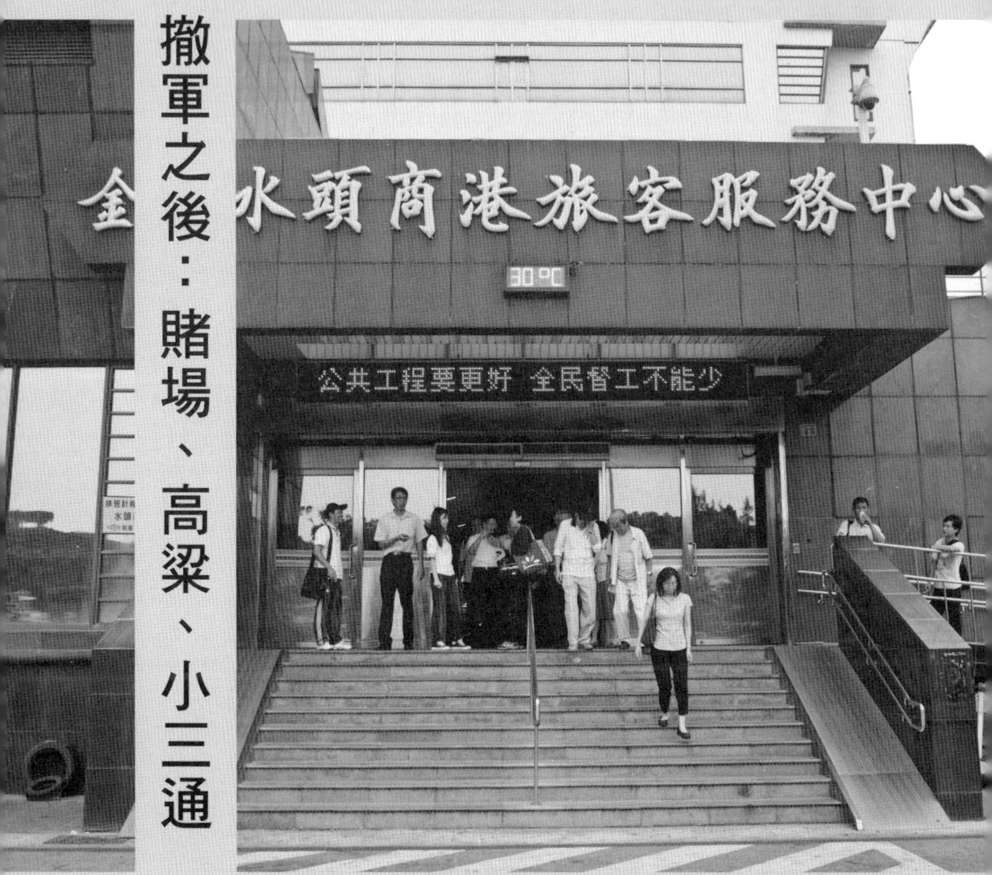

（Henry Westheim Photography / Alamy Stock Photo）

離島賭場夢

二〇一七年十月二十八日，金門即將舉辦賭場公投，如此一來，位於海峽兩岸的三小離島：澎湖、金門、馬祖，便都曾以民意決定是否要在島上開放博弈。澎湖在二〇〇九年、二〇一六年舉辦過兩次賭場公投，兩次都由不贊成的反方勝出，第二次公投時，反方得票率甚至高達八成。至於馬祖，雖然二〇一二年投票的結果是贊成興建，迄今卻未建起任何一間賭場。

賭場，為何成了台灣西岸離島二十年來的美／惡夢？其中一個原因是在台灣本島經濟發展的過程中，幾個離島顯得跟不上發展隊伍，交通、醫療、教育等基礎建設品質與台灣本島有明顯落差，人口外移嚴重，經歷了戰地政務的金門、馬祖尤其如此，「離島長年沒有辦法解決的問題，居民會想要用『發展』來解決問題，賭場就是發展的一種選項。」董森堡說。

雖說如此，可以促進鄉村發展的選項眾多，為何金門、馬祖傾向設立賭場？其中的原因與兩岸小三通歷史、世界賭業潮汐緊緊相扣。離島開放賭場吸引陸客，可說是兩岸開放紅利中的一筆意外孳息。一九九二年，陸方提出「小三通」隔年，澎湖便成立首個促賭團體，目標是出國開賭的陸客，賭場夢就此開始在澎湖大街小巷醞釀、爭辯。

這場夢並非小離島們的單相思，而是有外商支持壯膽。是時，各國博彩業者都想搶進中國沿海，吸引陸客外溢賭金，不僅讓澎湖居民心旌搖曳，馬祖、金門也被撩撥得躍躍欲試。搶進中國的博弈業者、夢想翻身致富的三小離島，雙方互相試探，各有盤算，交織成二十年來的離島賭場夢。

澎湖是三個地區中商業體質最健康，也討論賭場議題最久的區域。一九九三年，金、馬才剛解除戰地政務禁令，久賺觀光財的澎湖，早已成立首個促賭團體，居民間也出現是否應該成立賭場的辯論。當中最戮力推動的，便是當時甫當選立法委員、後高票連任五屆，人稱「澎湖王」的林炳坤。

雖然對於澎湖人來說，賭城拉斯維加斯的知名度更高，但真去過美國的人不多，近在眼前的澳門才是大家較能具體討論的對象。一九九七年，澳門賭王何鴻燊來澎湖考察，表達投資興趣，這讓澎湖人熱烈辯論起來：澎湖能不能做第二個澳門？如果能做澳門，不好嗎？

二〇〇二年開始，是澳門賭業的黃金十年，據澳門統計局和博彩監察局的資料，二〇〇八年澳門博彩業總收益達一千零九十八億，位居世界第一，與二〇〇七年的八百三十八億相比，上升三十一％。二〇〇七年，澳門人均GDP達二十九．二萬，七年間的年均增長率二十％，一度成為亞洲最富有地區。

二〇〇九年，澎湖舉辦賭場公投時，正是亞洲賭業最熱門的好時機。韓國首爾華克山莊、馬來西亞雲頂、越南涂山都開設了賭場，賭場內半數以上都是陸客身影，加上日本沖繩、新加坡聖淘沙（聖淘沙賭場於二〇一〇年正式開放）也傳出將要有賭場的消息，可說整個東亞島弧都躍躍欲試，想邀陸客賭一把，澎湖只是其中之一。

賭場帶來的驚人收益，對於擅賺觀光財的澎湖人來說，無疑相當動心；但另一方面，恐懼「賭場敗壞治安風俗」的反賭聲浪也一直不容小覷，這讓政治人物很難下定決心站在哪一邊。「無論誰執政，都無法準確預測民意是否支持開賭，但又不忍完全放掉賭場這張牌，」一位曾參與早期反賭運動的澎湖退休公務員如此分析。

既然民意難測，交給地方公投決定成了最安全的方式。二〇〇三年十二月，澎湖縣政府主導諮詢性質的博弈公投，投票率兩成，贊成方小勝過反方兩千票。這是台灣首個依《博弈諮詢性投票自治條例》舉行的諮詢性公投，當時《公民投票法》尚未通過，投票並無正式法律效力，卻讓縣府甘願動用人力、物力辦理，賭場夢甜，可見一斑。

這場「試水溫」諮詢公投，開出贊成大於反對的結果，更讓促賭方吃下定心丸，大力推動正式賭場公投，相關投資也逐漸升溫。二〇〇九年，澎湖終於依法舉辦第一次有效力的博弈公投，當時已購買土地、等待公投過關便開跑的大型投資案超過三處，當中最引人注目的企業，要數湄京集團。

湄京集團在倫敦證券交易所掛牌上市時，簡介便以澎湖賭場為核心，堪稱離島賭場夢在全球舞台上的高峰。台灣子公司總經理韓亞力，在當時信心滿滿地對媒體表示：「只要有陸客在，澎湖賭場不會賠錢。」韓亞力不但為了澎湖賭場計畫放棄英國籍、加入台灣籍，湄京的其中一位合夥人提姆．波特（Tim Potter）的台灣妻子甚至將戶籍遷到澎湖，負責處理土地收購事宜。

第一次公投時，正反方拉鋸激烈，最後由反方以五十六．四四％的得票率勝出，否決賭場提案。一般認為，反方勝出的關鍵在於馬公市區居民多投反對票；市區居民以價值觀保守、收入穩定的軍公教族群居多，他們對「發展」沒有迫切需求，憂心賭場將敗壞道德與治安。

公投失利，讓大力促賭的立委林炳坤受到重擊，被視為對這位政治人物的不信任投票。一名土地仲介也觀察到，不少本地投資客看好林炳坤一定能讓賭場過關，買下土地投資，最後全都被套牢，怨聲載道。

這位仲介的觀察有實際數字支持：澎湖地價因賭場不斷上漲，在二〇〇九年來到高峰，就連傳統墳墓區、濱海荒地都成炒作對象；預定蓋賭場的後寮村，地價更平均上漲一倍以上。賭場公投案未過關，當初耗盡心力整合土地產權的湄京，早已在二〇一〇年選擇出售澎湖風櫃渡假村股權，認賠殺出。

兩次賭場公投，也讓澎湖迎來一次真正的政黨輪替。澎湖與其他離島、偏鄉體質類似，長期偏藍，在此之前僅有過一任民進黨縣長高植澎。但在二〇一二年，民進黨新人楊曜以「反賭」為形象號召擊敗林炳坤，當選立委。兩年後，民進黨政治人物陳光復也順利當選縣長，在那段時期，澎湖成為民進黨唯一同時保有立委席次也握有地方執政權的離島。

林炳坤雖在二〇一六年力圖振作，以無黨團結聯盟身分再度參選，卻仍鎩羽而歸。同年，第二次澎湖賭場公投登場，僅有一家美國集團提出開發案，最終有高達八成選民投下反對票，以懸殊比例再度「絕殺」賭場提案，促賭團體於是宣布放棄、不再提出相關議案。一度風光的澎湖王，與他九〇年代以來提倡的賭場夢，幾乎可說完全終止。

當澎湖人的賭場夢還在風風火火，討論要不要做「小澳門」時，澳門本地賭業早已花事荼蘼。二〇〇八年，雖然賭場營收數字仍然驚人，但已經傳出部分賭場祭出裁員或休假減薪措施，金沙集團也在那年遇上危機，不但股價下跌，替集團掌舵十四年的總經理懷德（William Weidner）也因故離職，引發不少議論。

兩年後，懷德以猛龍過江之姿成立懷德公司，到馬祖推動賭場開發案，促成台灣史上唯一一次成功「過關」的賭場公投案。

對馬祖人來說，無論當初懷德從金沙集團離職的原因為何，這位博弈業經驗豐富的總裁，看來是有說服力的。當年擔任馬祖反賭青年召集人的曹雅評回憶，懷德當年在馬祖的宣傳工作誠意十足，不但錄製福州話版本的廣告在當地電視放送，懷德本人更親自住在馬祖，騎單車挨家挨戶拜訪居民、搏感情，「居民看到總裁這麼親民，又是高大白人，笑嘻嘻的，像要選舉一樣親切，就算台灣媒體罵這是空頭公司，有些人還是相信他。」

不過，曹雅評也分析，無論是否相信懷德，多數馬祖人的意見其實是「管他的，反正沒有人要建設馬祖，何不相信一下賭場、試試看？」時任縣長的楊綏生更明言，為了馬祖進步，賭場是「不得已的做法」。

我們馬祖人只要飛機

為什麼非要建賭場？事隔多年，楊綏生二〇一九年在台北的速食店裡接受訪談，也講起了「馬祖賭場夢」與作為戰地的馬祖之間的隱祕關聯。

在從政前擔任醫師的楊綏生說，自己之前對從政沒有太大興趣，甚至並不特別喜歡國民黨，「年輕時也曾閱讀過黨外雜誌、接受過黨外運動思潮，心中對國民黨還是很有疑慮」，但在從未政黨輪替、一向是深藍鐵票倉的馬祖，想選舉從政，不加入國民黨幾乎不可能。楊綏生說，自己想從政的原因很簡單，「因為暈船」：

「我很容易暈船，但早年馬祖十天才有一班船去台灣，而且是軍方作戰用的船艦，晃得非常厲害，從小只要搭船去台灣，我就會吐得非常痛苦。」想到自己的孩子未來還要忍受暈吐才能往返台馬，楊綏生決定參與選舉，「我的目標很簡單，我只要船、只要飛機，就是要交通，不要其他。在國民大會，台灣的委員都在討論制憲、修憲，我就曾經發言過說，我都不要聽你說這些、你也不要來摸我頭，我們馬祖人只要飛機。」

馬祖太小，能充作機場的腹地不大，在「漁業時代」原本只有跟福州以船隻往來的需求，但現在進入了台澎金馬共同體，前往台灣成為迫切的需求。在馬祖機場改建之前，舊機場緊鄰山壁，飛機要不是容易落海，就是容易撞山。

一九九六年，楊綏生曾遭遇空難，飛機墜海，與太太一同幸運生還的他，還游回機艙內救人，「我只能閉著眼睛游回機艙，試試看能不能用腳再多勾一個人出來，能勾一個是一個，最後真的有被我勾上來的。」現任馬祖立委陳雪生的弟弟，也因飛機撞山的空難，不幸全家罹難。

對許多馬祖人而言，戰爭沒有到來的幾十年裡，生活需要繼續。爭取「交通建設」不只是關乎便利與經濟，更是關乎生死存亡的問題。

「當我發現我爭取不到、連跟馬英九講都沒有用的時候，我就說，我要做賭場。」

經過長長的回顧後，楊綏生慎重地說出這句話：「公投過了，就是我的籌碼。如果不給我賭場，你就要解決我的問題，我想要飛機、想要船，這就是我從政最初跟最後的目的。」

當年賭場公投前夕，楊綏生最想替馬祖爭取的基礎建設，尤其是「交通」，確實全寫在縣政府與懷德公司簽訂的協議中：

一、建造南北竿大橋。

二、零能見度起降現代化北竿國際機場。

三、興建馬祖居民子弟學費全免的國際級大學。

四、連江縣政府提供年度剩餘稅收給所有設籍連江縣居民社會福利金。

面對馬祖人渴切的「發展」願望，開發商懷德樣樣允諾。雖說原先承諾公司將全額負擔相關建設費用，後又改變說法，但這對馬祖人來說，已經足夠誘人。「這是歷任政治人物都說要替馬祖完成，卻從來沒有實現的夢想，」曹雅評說。

懷德的承諾不全是空口白話，背後有「兩岸博弈特區」計畫作為他履行承諾的金庫：

懷德公司計畫把「馬祖博弈特區」擴大為「兩岸博弈特區」，在鄰近馬祖的閩江口琅岐島建設五星級飯店，讓遊客晚上住在琅岐島，白天循小三通途徑，二十分鐘抵達馬祖北竿國際賭場，福州住、馬祖賭。馬祖賭場公投前夕，懷德甚至與珠江航運公司簽署「馬祖—馬尾」航線的協議，還與福建企業簽訂琅岐島五星級飯店意向書。

這不但引來澳門媒體議論紛紛，更讓大陸發出禁賭令。除否認建立「兩岸博弈特區」，還重申依《海峽兩岸關於大陸居民赴台灣旅遊協議》附件《海峽兩岸旅遊合作規範》規定，接待社不得引導和組織旅遊者參與、涉及賭博。

雖然來自陸方的「禁賭令」沒有影響馬祖公投結果，多數馬祖人依舊對賭場投下贊成票；不過，馬祖公投結果也沒有加速台灣立法程序。博弈公投的法源來自《離島建設條例》，但該條例第十之二條第四項規定：「有關觀光賭場之申請程序、設置標準、執照核發……等事項，另以法律定之。」也就是俗稱的「博弈專法」，在公投通過後，行政院和馬祖立委分別提出草案，但至今毫無進展。

二〇一七年，金門再度舉辦賭場公投，懷德公司卻早已退出馬祖。懷德曾經笑臉盈盈地與居民打招呼、搏感情的集團辦公室，人去樓空。

馬祖賭夢成空的前例，讓許多金門人並不看好設立賭場這件事。曾參與馬祖懷德公司計畫的陳苗生在賭場公投前夕來到金門，雖然他看好這次公投會過關，「但過了以後，多半也會跟馬祖一樣，曠日費時、不了了之，」陳苗生說，自己再次到金門促賭的動力，只是希望金門「能為自己的發展投下一票。」

台灣三個離島的「賭場夢」，實是站在亞洲賭業風潮的邊緣，看著澳門榮景，想著自己是否也能分紅，卻又擔憂島嶼生活受到衝擊，如此反覆思量二十年。賭業漲潮時，離島賭場夢風生水起，在澎湖第一次公投時，無疑是夢境最接近真實的一刻；不過，在博彩熱潮逐漸退去後，賭夢便不免看來捉襟見肘。

賭場夢最後的結果，在二〇一七年十月二十八日揭曉，金門人以選票否決了興建賭場的提議。

其實早在投票之前，多數金門人就心知肚明，即便公投過關，地方民代也未必會真心推動相關法案通過，澎湖的例子，就是前車之鑑。二〇一六年，澎湖通過第二次賭場公投，再次做出「反賭」結論，讓賭場美夢的未來面貌，愈來愈清晰。

是時，澳門賭業利潤暴跌，不復風光，澎湖當地最常出現的幾種聲浪，要不就是「陸客也不會來」，就是「來了我也賺不到」，其中最重要也最關鍵的因素，恐怕還是「民進黨不支持，投了也跟馬祖一樣而已！」

二〇一六年公投時澎湖已經政黨輪替，民進黨一貫的「反賭」立場讓各方不看好博弈專法的後勢。雖然在公投前期，眾人傳聞「促賭總部是民進黨提供的」、「縣長陳光復其實支持賭場」，但在蔡英文以主席身分表態，並傳訊息給澎湖的民進黨員表示反賭後，此事愈來愈顯得不可為。再者，二〇一六年後，不少剛取得投票權的澎湖青年也加入戰局，讓反方氣勢更加高漲，公投結果是反賭方大勝，得票率高達八成，促賭方宣布認輸、組織解散。

過得跟金門一樣好

澳門賭業低迷，民進黨「反賭」立場仍在，又有澎湖公投的結果在前，財政收入遠高於澎湖、馬祖，位居三島之冠的金門，為何二〇一七年時還有六千多人連署，支持舉辦賭場博弈公投？針對金門好像不需要賭場來促進當地經濟一事，董森堡說，「確實有聽到這樣的說法：說澎湖、馬祖都羨慕金門，明明有金酒，好像過得很好，為何還要開賭場？」

馬祖先天受地理條件限制，飛機無法起降，當初馬祖人之所以會相信懷德，其中一條就是希望有不受天候影響、全天均可起降的機場。雖然馬祖當地也有「馬祖老酒」等烈酒品牌，但知名度不如金門，小三通收穫的兩岸紅利也不多。公投時，馬祖的促賭方甚至曾喊出「讓馬祖人過得跟金門一樣好」口號。

至於澎湖，雖然觀光條件好，但和馬祖一樣，也受制於自然環境。夏天的澎湖確實一派悠閒，是三島中最會賺觀光財的，但只要東北季風一吹，遊客就消失無蹤。宅配海鮮的生意同樣受海象影響，且因為海洋資源枯竭而愈來愈難做，比不上金酒的獨門生意。二〇一六年公投前夕，地方上也曾出現「讓賭場成為澎湖的金門酒廠」順口溜。

相較之下，金門不但坐擁「金雞母」金門酒廠，每年縣政盈餘上億，小三通成績也很亮眼。中國大陸放十一長假時，就會有大量陸客湧入金門。在金門欲成立賭場的主要投資廠商是泰偉。早在二〇〇六年，泰偉便在金門買入二．四萬坪土地，號稱開發投資總額達新台幣五十億元。當博弈公投連署人數達標時，泰偉股票一度開出漲停板，但基本面實在不佳，在公投前夕便因第一季每股淨值低於五元打入全額交割，與全盛時期的澎湖湄京、馬祖懷德實在難以相比。

金門這六千多位連署賭場公投的民眾，究竟為的是什麼呢？

從澎湖的順口溜「讓澎湖賭場成為金門酒廠」可以窺見，金門，是一個靠金門酒廠支撐財政支出的縣份。不過，近年來金酒的近年表現卻大不如前。根據審計部決算報告指出，金酒公司近幾年受政府酒駕取締法令標準趨嚴、中國大陸禁奢政策、白酒市場萎縮及競爭激烈等諸多不利因素，營業收入由二〇一二年的一百五十六億餘元，減為二〇一六年的一百一十六億餘元，硬生生少了四十億，衰退幅度高達二十五％。

金酒收入衰退對金門縣政產生重大影響，以二〇一六年而言，金門縣政府的年度歲入自籌財源六十億七千六百九十四萬餘元，占歲入決算的五十二．六七％，其中主要資金便是來自金酒公司的捐贈收入。金酒業績下降，連帶造成二〇一六年縣政府的年度自籌財源比例降低，與二〇一四年的六十六．〇四％相比，降低了十三．三七％。審計部甚至對此提出警告，要求金門注意自身「財政自主能力呈逐年下降趨勢。」

除了金酒營業額衰退，讓金門人焦慮的，還有隨著兩岸交流日漸頻繁，「戰地觀光」的魅力似乎也在褪色中。

在博弈公投說明會上，擔任飯店總經理的楊其勳便指出，根據他的觀察，「金門觀光人潮慢慢遞減，金門的產業走到極限，觀光產業局限於戰地政務時期留下來的文化歷史，觀光客看完後，沒有更新奇的東西吸引他們回流。」至於新興的文化旅行、生態旅行項目，楊其勳更直白地說，「老是去看山看水，那是少數人的興趣。」

同樣是小島，為何鄰近的澎湖年年都能吸引觀光客，金門卻無法吸引觀光客回頭？二〇一一年，烈嶼鄉長洪成發與澎湖縣長座談時，略有不甘地說出了他心目中的真正原因：「就是因為戰地政務，金門觀光落後澎湖三十年。」

解密高粱酒：戰爭下的金雞母

戰地政務給金門帶來了無法好好觀光的體質，卻也給它留下了澎湖也稱羨的金雞母。然而，這隻金雞母在兩岸浪潮中的轉型失敗，成了推動金門人想藉著賭場一搏的遠因。

讓我們回看二〇一五年，當時的兩岸關係可說正處於第三次政黨輪替的隘口。自該年十一月舉世矚目的馬習會[4]始，至二〇一六年各方反應冷淡、評價褒貶不一的洪習會[5]止，整整一年，國共領導人會談一直都是兩岸熱門關鍵字。

在這期間，無論是誰與誰會面、收到掌聲或嘲諷，都有個不可或缺的要角一直在歷史現場中，見證兩岸關係的風高路險與暗流洶湧：高粱酒。

二〇〇五年，兩岸首次「連胡會」（連戰、胡錦濤），便請出金門陳年特級高粱酒擔任「和平大使」；二〇一五年的馬習會晚宴上，馬英九特別準備一九九〇年

4 馬習會：二〇一五年十一月七日，兩岸最高領導人馬英九與習近平於新加坡會晤。
5 洪習會：二〇一六年十一月一日，時任中國國民黨主席洪秀柱與中國共產黨中央委員會總書記習近平於北京人民大會堂會晤。

產的金門高粱「黑金剛」要和習近平共飲，並聲稱該年兩岸簽訂《金門協議》，有象徵和平交流意義；二〇一六年十一月洪習會結束後，大陸全國政協主席俞正聲在北京飯店宴請洪秀柱及訪問團成員，國民黨代表團以「金門高粱」、「馬祖陳年高粱」，和馬祖「東湧高粱」上桌，俞正聲則以中國國酒茅台回禮。

高粱成為兩岸交流熱門的伴手禮，可說是歷史的一種幽默，因為無論是金門或馬祖的高粱酒，每一滴都是砲火蒸餾、「反攻大陸」刺刀下的產物。

一九四九年，金門居民葉華成在自宅成立金城酒廠，成功釀出高粱酒，寄放在駐金的國軍一九軍部隊合作社販售，時任金門防衛司令官的將軍胡璉喝了大為驚豔，興起自設酒廠以養活前線十五萬大軍的構想，同時解決國軍在冬日以烈酒祛濕禦寒的需求，一舉多得。

一九五二年，胡璉命令葉華成擔任九龍江酒廠的廠長，開始量產高粱酒，並以「一斤高粱、一斤白米」的行情向居民收購高粱，同時解決軍隊釀酒問題與居民糧食問題。此舉讓高粱栽培面積逐年增加，逐年取代原本的地瓜、花生，成為金門的主要作物。

一九五〇年代，高粱種植面積尚只有四百七十五公頃，八〇年代，金門戰地政務委員會結合「金門三民主義實驗縣實施大綱執行計畫」遠程目標，獲得中央補助台幣九・四億多元（約二・三億港幣／兩千九百八十萬美元／兩億人民幣），讓高粱平均種植面積不斷增加，高達兩千九百八十七公頃，在三十年之內增加了六倍。近十年來雖因戰地政務結束、開放觀光而逐年下降，平均種植面積仍有一千八百一十九公頃。

自一九九二年戰地政務終止，金門高粱酒銷往台灣本島不再有配額限制，營業額遽增，為價格低廉的高粱帶來高附加價值，產地收購一公斤三十八元（約九・三港幣／一・二美元／八・一人民幣）的高粱，製成金門高粱酒後，單位價格來到一公斤三百零七元（約七十五港幣／九・七美元／六十六人民幣），利潤翻為十倍。

早年，許多金門當地青年自學校畢業後，只要能進入金門酒廠上班，在父老心中便是優質嫁娶對象，很快會有人來說親。金酒的高利潤，帶來的是每年金門家家戶戶都能獲得配酒，並為金門帶來大學、醫院、港務工程，甚至還有能力上繳中央數十億稅款，「金酒，就是金門的金雞母。」縣長陳福海如是說。

金門高粱出自前線軍需、釀於烽火戰地，它的誕生故事是國共內戰史的縮影，讓馬英九以此遞出橄欖枝之餘，早年冷戰歷史亦不至於完全缺席。

金門酒廠。（Don Bartell / Alamy Stock Photo）

十年來，經過兩岸領導人來往會面加持，金門高粱、馬祖陳高的身價水漲船高，舉凡總統贈酒、就任紀念酒、瓶上有「永懷領袖」字樣的「蔣公誕辰紀念酒」，都是買家心目中的珍品，無疑是一瓶領取了寶島情結（baodao complex）紅利的烈酒。杯觥交錯之間，砲火與刺刀的戰爭表面上看來已經結束，另一場戰場——白酒商戰熱烈開打，台灣「反攻大陸」的前鋒部隊，從砲火刺刀改為金門高粱。

「在兩岸剛剛開放的時候，中國大陸對於金門高粱酒的善意，是無與倫比的，所有重要的宴飲裡頭，大陸拿出來的酒就是茅台，台灣就是金酒，」金門酒廠前董事長雷倩回憶，在二〇〇八年，她擔任董事長任內，「金酒在商界政界都有非常好的口碑。二〇〇五年連戰主席去大陸破冰訪問前後，兩邊只要是官式宴飲，一定是茅台與金門高粱。」

面對兩岸熱潮，雷倩曾提出知名的「茅五金」戰略，即在大陸國酒「茅」台、「五」糧液之外，替「金」門高粱提出隆中對，與前兩者三分天下。

了解「茅五金」戰略的同時，也恰能一窺中國白酒複雜的香型分類。一九七九年，中國第三屆全國白酒評酒會上，首次提出以香型為標準。常見香型有十三種，以醬香型、清香型、濃香型、老白乾香型為主。醬香型白酒有類似大豆發酵的醬香而得名，酒色微黃透明、醬香突出，人稱「空杯留香」，以中國國酒茅台為代表，故又稱茅香型；濃香型的窖香濃郁、綿甜醇厚，以陳年老窖發酵製成，除了五糧液之外，四川瀘州老窖酒亦是知名代表。

金門高粱所屬香型，眾說紛紜。有人說接近清香型白酒，特色是酒體無色透明、甜味柔和；亦有認為類似鳳香型，香味清雅中略帶濃郁，相對豐滿。「其實用光譜排起來，我們是完全獨立的一個香型，我們過去非常努力定義它成為金門香型，或者原香型，就是原始糧食的香型。」雷倩分析。事實上，雷倩所言的金門香型，亦是中國一些地方特色酒品曾使用的品牌策略，以「獨立香型」著稱，吸引消費者注意。

「如果中國白酒市場還能有第三名，一定出現在濃香型、醬香型以外的香型，因為前兩種香型已經明確在市場上有第一名，也就是茅台、五糧液。其實，中國傳統來說，濃香、醬香是高端白酒，（金酒所屬的）清香或原始香型是屬於中低價格的。」雷倩分析，「既然在高價酒裡面，已經有茅台、五糧液，那我們要去搶的，是剩下所有香型當中的第一名，那裡還有一個金酒的可能位置。」

雷倩回憶，在她擔任董事長期間，與河北衡水「老白乾」的廠長會面，也認為雙方共享類似風味，應是酒中兄弟，「他們說衡水老白乾的釀酒方式跟金門特別相近，找到了一些文獻，覺得兩者是堂表兄弟，希望可以多多互動。以風味看來，汾酒、衡水老白乾這兩個確實跟我們最像，但是最初金酒師傅當中，也有茅台來的人，它製酒工藝部分跟茅台相近。」在雷倩看來，自中國四面八方撤退到金門的軍人，各自帶來家鄉的製酒工藝，跟金門本地的釀酒工法交融，成就了獨一無二的金酒傳奇。

「其實，固態純糧釀造的金門高粱和所有的農業產品一樣，每一批釀出來的味道都會有差異，但在灌裝之前，團隊會經過集體品酒的過程，討論它和金酒最核心的風味是否一致？如果一致，就可以灌裝。如果不是，就必須經過時間的淬鍊再優化，其中醇化、酯化的過程，會讓風味更甜、更黏稠一點。」這神祕的「金酒核心風味」究竟是什麼？「沒辦法跟你形容，只能用喝的。喝夠多，就會知道那是什麼味道。當然可以拿光譜去分析，但還是要喝了才知道，很難言傳。」雷倩笑說。

「喊出『茅五金』你可以說我們很驕傲，也可以說這是一個精準的位置。因為其他對手例如老白乾、汾酒、西鳳這一類的酒，單位產值都比我們低。當時，我們的產值在中國大陸前一百名的白酒廠裡面，是排得到前十幾名，但產量是遠遠排到最下面的。所以金酒的單位產值高，高於汾酒、衡水老白乾等同類型的酒品。因此我們有條件全力衝刺，成為其他香型之間獨占鰲頭的酒，」雷倩充滿自信地說。

雷倩離開董事長一職後，接手的新金酒團隊仍積極開疆拓土。自二〇一六年開始，金門高粱首度參與國際烈酒比賽，總經理車正國強調，好的葡萄酒、威士忌，都是在比賽中嶄露頭角，「白酒走上國際化，參賽是必須走的道路。」在舊金山世界烈酒競賽中，金酒甚至擊敗宿敵茅台，讓車正國驕傲不已，「我們只是從貨架上拿下一瓶，不必特釀，都足以打敗他們的國酒茅台！」

只是，金雞母老矣，金門人對它的信心正在消退中。在賭場公投時，時任國民黨縣議員周子傑便以此為理由，大力公開支持賭場公投過關。在博弈公投說明會上，周子傑疾呼：「金酒公司就像一個人的年紀一樣，會慢慢凋零，金酒沒有子公司、沒有傳承。」另一位在公開說明會上大力促賭的黃華僑，本身就是金酒員工，他認為，金門除了金酒之外，必須要有另外一隻金雞母，「而現在（賭場）就是機會。」

小三通，通往何方

曾經被視為金馬另一個機會的，是隨著兩岸破冰而來的離島小三通。

二○○○年，台灣政府通過《離島建設條例》，期待金馬能在「後冷戰」的時代裡褪去迷彩，趕上台灣經濟榮景的最後一班列車；同年稍晚，《促進民間參與公共建設法》也通過了，為金馬在新自由主義的世界潮流中，打開了BOT（由民間業者負責建造，並在經營一段時間之後移交給政府的公私合作模式）的大門；二○○一年，兩岸開通小三通，初期僅限金、馬居民使用；到了二○○八年，台灣政府擴大「小三通」的適用範圍，開放所有台灣旅客經由金、馬赴陸；直到今日，金馬依然是熱門的兩岸中轉地。

回想起小三通剛剛開放的日子，家就住在金門水頭碼頭附近的歐洲古，仍記得第一次赴廈的衝擊：「以前站在金門海岸看廈門，老師都會說對面的大樓都是布景、是假的；小三通後實際去了一趟才知道，原來那些『布景』竟然是真的。」

不過不論鐵幕扯下之後的大夢初醒有多少驚奇，這些政策反映出的，的確就是金馬在一九九二年解除「戰地政務」之後，企圖搭接上「後冷戰」樂觀開放、欣欣向榮的氣氛——而觀光，就是金、馬在中國崛起之後，都曾寄予厚望的產業。

然而金馬兩地依然走上了不同的道路，關於這點，BOT也依然是個很直觀的例證：金門的第一個BOT案「風獅爺物流經貿園區」，瞄準的是兩岸之間的跨境商機，後期的其他BOT案，也都以觀光飯店、渡假村、複合式商場為主，而「陸客」，就是業主在財務評估時對自償率的信心來源；然而馬祖的第一個成功的BOT案，卻是更攸關基礎「民生需求」的海水淡化廠，至今也只有零星幾個商場、旅館BOT案仍在研議。

這些差異，反映出的正是金、馬兩地的體質和現況。

從訪客數據來看，金門似乎一直都更受陸客青睞，甚至在二〇一八年首次出現「陸客比台客多」的現象，全年陸客人數高達六十三萬一千三百六十人；這些數字也不斷地在重塑金門的消費地景，藥妝店如雨後春筍般冒出，租車店裡也擺滿了不需駕照就能租用的電動自行車。相比之下，陸客在馬祖一直不是主力客群，而馬祖的觀光產業，也是到海洋自然景觀「藍眼淚」爆紅之後，才開始成長。

馬祖並不是沒有嘗試過「金門模式」；在馬祖北竿島經營民宿的陳鎮東，就見證過那段摸索期。

「馬祖的第一波觀光榮景，其實就是二〇〇一年開啟小三通那時候。」陳鎮東回憶道，當時台灣來馬祖觀光的人不多，而許多馬祖人開起了旅行社，主要是為了做馬祖鄉親的跨境旅遊生意；「然而當年台灣並未開放陸客觀光、大陸人消費力也不高，因此最多只能做對岸來馬祖探親的生意。」時至今日，陳鎮東由軍事據點改裝而成的民宿，也依然只有不到一成的客源是陸客。

陳鎮東分析，金門能成功經營陸客觀光市場，除了廈門比福州富裕這個因素之外，主要還是旅遊產品的框架問題——「廈門旅行社在行銷金門自由行時，比較不會把金門當作『跨境遊』目的地在宣傳，而是把金門打造成『廈門的後花園』一般的感覺，讓他們可以避開人擠人的地方。」

陳鎮東還說，曾有廈門的旅行社業者跟他接觸，想將金門旅遊的模式複製到馬祖來，最後卻發現不可行，「因為大陸旅行社一般會用『低團費』的方式攬客，然後再想辦法用購物抽成的方式盈利，然而馬祖並不像金門那樣有大型的免稅店可以配合，所以大部分業者最後都會打退堂鼓。」

再說，馬祖的公共交通並不發達，地形又太過崎嶇，沒有台灣駕照的陸客，往往只能租用爬坡力不佳的電動自行車，移動能力大幅受限；陳鎮東自己開的民宿就位在陡峭的岬角上，電動車是上不去的。

然而，在某些人的眼裡，馬祖在發展觀光上的各種劣勢，卻反而為馬祖提供了意想不到的沃土。

一位曾在金、馬兩地待過，目前正在馬祖策畫展覽，但不願具名的專案人員便認為，馬祖的觀光規劃，整體而言的確比金門精緻一些——「擁有金門酒廠的金門縣府預算充足，看到有保存價值的歷史場域，都會先修繕再說，修完了再想要如何活化；馬祖的連江縣政府就沒那麼多錢，因此更傾向先仔細規劃再進行修繕，因此設計也比較細緻、更符合使用需求。」

比方說，馬祖從二〇二〇年起開啟的「戰地轉身，轉譯再生」計畫，就與建築師合作，預計用四年時間調查、爬梳，為馬祖境內的廢棄軍事據點提出活化方案。又比方說，馬祖從很早就已經開始規劃二〇二一年的「馬祖國際藝術季」，以詳盡的田野調查作為策展基礎。「馬祖腹地本來就小，沒有那麼多空間可以做不同路線的旅遊，所以也才必須更認真地思考，我們究竟想要什麼樣的觀光產業？」這位策展專案人員說道。

事實上，金門這種資本額和量體龐大的開發節奏，經常造成經濟發展與軍事遺址保存之間的張力——二〇二〇年十月三十日，位於金門「產遊博覽園區」預定地內的軍事遺跡「親愛堡」，便突然遭施工包商拆除，事發之後引起金門文史界一陣譁然；曾在金門服役的老兵更在網路上撂下狠話，誓言絕不會再踏上金門島一步。一向重視「老兵旅遊」的金門縣府，在事發之後雖然重申縣府重視軍事遺跡的保存，卻也強調「親愛堡」結構龜裂、保留困難，本就預計以「異地重建」的方式「保存軍事遺跡的精神及元素」。

很有趣的是，「親愛堡」被「產遊博覽園區」推平掩埋的事件，恰好側面反映了一個事實：今日官方在爬梳金門歷史定位時，經常會將金門放在「前線」、「僑鄉」和「橋梁」這三個框架中看待——「前線」框架強調金門作為國共對峙、冷戰局勢的最前緣，「僑鄉」框架強調金門作為東南亞華人的原鄉之一，「橋梁」框架則會試圖彰顯金門作為串連兩岸、促進和平的角色，而「親愛堡」與「產遊博覽園區」，正好分別就是「前線」和「橋梁」框架的典型化身，雖然兩個框架在論述上未必衝突、有時還能彼此互文映照，但在實體空間中，卻經常會落入看似難以取捨的零和難題。

話說回來，金門真的需要這麼多「產業園區」嗎？當年風光地成為金門第一個

BOT案的「風獅爺物流經貿園區」，在二〇一九年北京宣布暫停陸客自由行以及疫情的衝擊之下，已經慘澹經營了近三年；原本要在二〇一六年開幕的「綠色休閒渡假園區」，則是直到今日都仍未完工，已成金門最大的爛尾樓，但縣府每年仍須編列預算，作為要求廠商履約的行政支出。

今日回看，金門的這兩大BOT案確實是警世案例——它們在「後冷戰」的樂土上拔地而起，卻很快便被「新冷戰」的迷霧籠罩，接著又遇上了席捲全球的世紀疫情；而近年來兩岸局勢的急速惡化，也再一次讓人看清，前線戰地的華麗轉身並不總如想像中瀟灑寫意。

二〇二二年，褪下戰地身分三十多年後，金門、馬祖似乎又迎來了下一個轉捩點。這些前線子民接下來會走向何方呢？對於在橋梁上努力維持平衡的人來說，這個問題並不容易回答。

第六章

邊境上的異鄉人

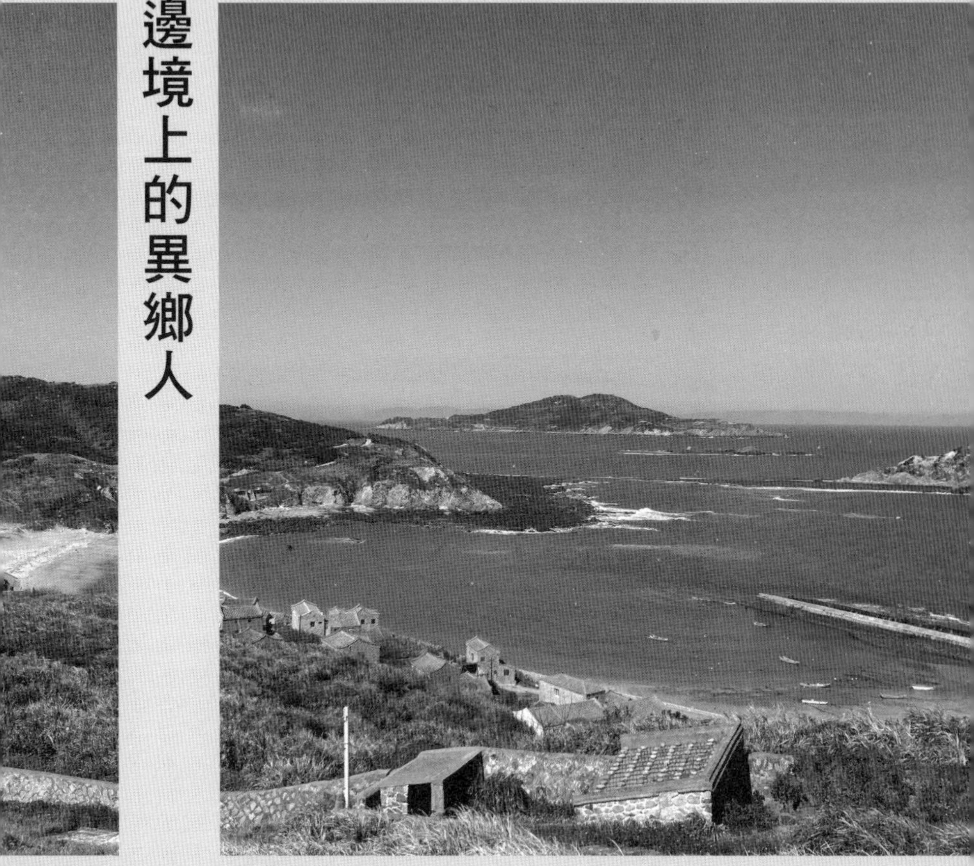

（李易安／攝）

返鄉、矛盾、亡國感

二〇二〇年一月十一日，中華民國福建省金門縣金城鎮，總統大選的開票之夜。

蔡英文的票數剛剛跨過當選門檻，民進黨總部前旗海湧動、人群歡騰的畫面，正在電視和網路上鋪天蓋放送。然而那晚的金門市區和任何一個尋常冬夜並無不同，依然被包裹在寂靜之中，只有東北季風仍穿梭街道呼呼作響——真要說起來，似乎還比平常更蕭瑟、冷清了些。唯有一陣歡呼聲，隱約從武廟旁一幢水泥房裡溢了出來。裡頭的年輕男女正聚在投影幕前緊盯開票轉播。蔡英文得票每過一百萬票，他們便尖叫揮旗，歡聲雷動。

「大選開票那天超有趣的，一整天都有客人進進出出，我們從來沒看過那麼多客人，沖茶沖到手快斷，都沒杯子了。」站在剛歇業的「後浦泡茶間」裡，前店主王苓一邊回憶，一邊指出開票當天他們放轉播投影幕的位子。

後浦泡茶間（李易安／攝）。

王苓和很多同輩一樣，在金門出生，念完高中之後便赴台升學、就業，在台灣一待就是十年；結束學業之後，她也同樣曾在「留台灣」和「回金門」兩個選項之間徘徊猶豫。

「剛好有個學者二〇一三年在金門做研究，於是我便回來擔任他的研究助理、做軍事文化資產的調查；後來為了策劃展覽，我和曾在美國博物館工作的姊姊，又一起成立了『敬土豆文化工作室』。」在各路夥伴的參與之下，「敬土豆」後來辦了幾場展覽、音樂祭，也出版過地方刊物。

到了二〇一五年，敬土豆開始在金門市區的後浦老街做田野調查，後來金門縣府看見他們深入社區，正好又想推動「老屋修繕補助」，便委託他們推動計畫，而這也是後浦泡茶間的濫觴。

「我們之前在城隍廟做過展覽，也一直都在做口述史的訪查，和社區、城隍廟的關係維持得不錯。正好廟方當時有間房子打算重建、正在閒置，於是便將房子借給我們，做修繕補助計畫的諮詢辦公室。」計畫結束於二〇一八年，王苓和夥伴想持續活用老屋，也希望金門青年能有聚會的地方，於是便繼續借用廟方二樓空間，開起了泡茶間。

乍看之下，後浦泡茶間有點像台灣常見的風格小店：舊書、茶香、古家具、大片窗景、甜暖燈光、緊鄰廟宇飛簷的室外露台——放在台灣任何一個街頭巷角都不突兀，卻又帶點金門獨有的市井氣味。

王苓和幾個夥伴起初只想藉由泡茶間辦些展覽或活動，卻發現空間的質地開始發酵。

「泡茶間是個軟性的空間，吃吃喝喝嘛，總能讓人放鬆，在氣氛相對保守的金門，也可以讓陌生人先放心進來，彼此熟悉了之後再敞開心房。」現在回想，王苓覺得泡茶間在金門撐起了一個空間，很像某個地下社團，可以讓大家在此談論議題、彼此傾聽，甚至療傷。

王苓自己也是曾被泡茶間療癒過的其中一人。「回金門頭幾年的工作強度太大，遇到很多障礙和難題，每天都在和不同的價值觀碰撞，所以很難不受傷。二〇一八年婚姻平權公投和地方選舉結果出爐之後，到總統大選的競選期間，我們也曾經感到非常焦慮，『亡國感』很深。」

原本以為只開一年的泡茶間，最後營業了兩年多，和金門的年輕人一起經歷了同婚公投、地方選舉、總統大選，也見證了他們兩年多來的心情起伏。

泡茶間畢竟是個借來的空間，距離廟方、街坊都太近，終究不是毫無顧忌。「我們有個原則：可以擁有自己的立場，但不能太囂張。比方說，我們其實有面很大幅、很顯眼的彩虹旗，原本想在金門巡迴掛著，但為了尊重宮廟文化與地方鄰里，所以就換了一面比較低調的旗子作替代，現在還掛在外面。」

不論如何，這種對於「取暖空間」的需求，反映出的其實是像王苓這樣的金門年輕人，在返鄉之後所感受到的疏離。他們在一些議題上與周遭主流社群格格不入，時不時陷入各種內捲與傾軋，又因為金門當地「主流民意」難以撼動，難免會感到無力和挫敗。而國族認同，就是其中一個經常令他們感到焦慮的課題。

翻開歷年台灣選舉的數據，金門、馬祖兩個「隸屬福建省」的前線外島，是除了原住民地區之外，全「中華民國自由地區」最「藍」的行政區。

以二〇二〇年的總統大選為例，若以得票率來看（「得票數」除以「各選區的有效票數」），國民黨候選人韓國瑜在金門縣掃下了近七十五％的選票，而民進黨的蔡英文只獲得不到二十二％，是民進黨此次表現第二差的行政區——換句話說，雖然金門年輕人大選那天在泡茶間裡興奮地又叫又跳，但包圍著他們的，其實是一個難以撼動的「藍營鐵票倉」。

不過，如果和過去幾屆大選的數據做比較，金馬的選情其實也不容藍營樂觀：早在二〇〇八年，民進黨在金馬兩地的得票率還不足五%，自此卻開始逐屆遞增；到了二〇二〇年，民進黨候選人在金門已能拿下超過二十%的選票，甚至在民進黨表現最差的馬祖，也都逼近二十%的門檻——「可能是『亡國感』的作用吧，今年（二〇二〇年）總統大選，好多設籍金門的年輕人都從台灣飛回來投票了。」王苓回憶道。

中國，中華民國，中華民國台灣

年輕人在金門為何會與地方感到疏離，有如此的矛盾與亡國感，個中原因不難想像。《天下雜誌》在二〇一九年的調查中發現，年齡愈低的族群，愈傾向認同自己是台灣人而非中國人；加州大學聖地牙哥分校經濟學博士生陳煒林等人的研究則發現，台灣實施「本土教材教育」的時間點，確實就是「台灣認同」的分水嶺，而在「非閩南裔」為主流的鄉鎮裡，「本土教材教育」對「台灣認同」的提升作用也更為顯著。

這些調查和研究都指出了一件事：在以「國家認同」為核心差異的台灣政治語境之中，如果沒有其他因素的影響，藍營政黨的基本盤可能會持續流失，而金馬這兩個「非傳統閩南裔」的行政區，也可能會是民進黨未來幾年支持率成長最快的地區。

如果我們再看「催票率」（「得票數」除以「各選區有投票權的總人數」），金馬地區這種「藍消綠長」的走勢就顯得更加精準：從二〇〇四年開始，藍營在金、馬兩地的「催票率」便明顯呈現下跌趨勢，只有韓國瑜這樣難得出現的政治明星，才能在二〇二〇年讓藍營選民歸隊；另一邊廂，綠營的「催票率」卻在金馬不斷穩定成長，而且不太受政治明星或突發事件的影響。

出生於一九九一年、前幾年剛接手家中民宿事業的劉浩晨，就是受過「本土教材教育」的馬祖子弟。「我覺得我就是『天然獨』。不論國家的名字叫什麼，我本來就覺得我們是個國家，而且包含台、澎、金、馬。」真要說起來，劉浩晨甚至更希望改國名，「講中華民國太麻煩了，講台灣比較簡單，反正我也不在乎要不要『光復大陸』，幹嘛硬要執著於『中華民國』？」

劉浩晨的家族史其實是個很典型的冷戰故事：他的爺爺是福建長樂縣的漁民，一直都在大陸、馬祖兩地來回跑，七十多年前在馬祖暫居，有天卻發現鐵幕倏地在眼前落下，從此再也回不去彼岸那個清晰可辨的老家。但軍事對峙畢竟是冷戰時代的事了；現在的劉浩晨在疫情爆發之前，每年都會去福州兩、三次，家裡在長樂也還有些親戚。但對他而言，離馬祖只有二十多公里的長樂，在心理上的距離似乎比兩百公里以外的台灣還要遠。

個性率直的劉浩晨，甚至不諱言自己剛加入了新成立的民進黨連江縣黨部。「很多馬祖年輕人，看國民黨在馬祖一黨獨大這麼多年，其實早就已經很不爽了。」在他看來，民進黨出現在馬祖最重要的意義，就是能為馬祖政壇帶來競爭者，也能為老派的政治運作帶來新思維。

「我爸知道我加入民進黨之後，只跟我說了一句話：『哪天如果我們被統一，你就要被中共抓去關了。』──認真的喔，不是開玩笑的那種。」

坦率的劉浩晨終究是個異數。和他同屬「馬祖青年協會」的其他年輕人，多數都沒有加入民進黨，甚至連表態支持都有所顧忌，除了有些是政治立場真的不同之外，主要還是擔心親戚、家人的眼光。

高中和劉浩晨是同班同學的邱筠，對於自己的國族認同就沒這麼斬釘截鐵，「國高中時在馬祖上《認識台灣》的教材，感覺很像在學別人的歷史，甚至會覺得學習台灣史地，就是為了應付考試而已。」一直要到赴台上大學之後，邱筠才開始在和「台灣人」互動的過程中，慢慢理解作為「馬祖人」是什麼意思，也才開始覺得，台、澎、金、馬就是因為歷史的偶然而走到了一起，所以馬祖人的確有必要知道台灣發生了什麼事情。

真正讓邱筠確認國族認同的，其實是後來參與公共議題以及小三通去中國大陸的經驗——「去過中國之後會覺得，能在自由多元的台灣成長是件幸福的事情。」邱筠於是發現，自己在政治議題和認同光譜上的位置，變得「愈來愈像主流的台灣年輕人」。

「等到畢業回馬祖之後，我才又開始覺得，要馬祖人去選擇作台灣人、中國人是很矛盾的。雖然我自己的國族認同是台灣人，但馬祖人在新的『台灣認同』之中還是一樣弱勢；我希望我認同的這個國族是一個多元的文化實體，也希望其他台灣人願意理解，馬祖和其他相對邊緣的族群各自的背景脈絡。」

在馬祖仁愛村經營「南萌咖啡館」的董逸馨，則是在「教改」之前接受義務教育的馬祖人，年紀比劉浩晨和邱筠都大一些；和今日所有三十五歲以上的台灣人一樣，她曾在課本裡接觸過不少中國史地，對台灣的理解卻幾乎一片空白。

「我考大學的時候，剛好家人在桃園有房子，所以希望我能讀台灣北部的大學。最後我被分發到東華大學，收到入學通知的時候才覺得不對勁——東華大學不是在新竹嗎？怎麼信封上的地址寫花蓮縣？」

除了地理上的陌生，董逸馨的口音也曾困擾過她。「剛到台灣上大學時，我聽不懂台語，國語也不太標準，所以有些學長會開玩笑地說我『是大陸來的』。」還在摸索認同的她，於是開始試著學習台語，講國語時也開始認真區分「ㄢ」（an）和「ㄤ」（ang）兩個前後鼻音。

真要說起來，讓她真正開始思考國族認同的契機，其實是二〇一四年在澳洲打工度假的經驗。一開始，董逸馨向別人自我介紹時，總會記得提到中華民國（Republic of China），卻發現很少人清楚中華民國和「中國」的差別。還有次某個澳洲人問她母語是什麼，她說是福州話，但坦承自己講得並不流利，「結果那個澳洲人聽了之後告訴我，如果不流利，就不能算是『母語』了呀。」

這些外地／外國經驗，以及存在於口音、母語之間的幽微掙扎，確實幾乎都曾交織在每個馬祖青年的人生敘事之中。曾在高雄念大學的馬祖人陳鎮東，在台灣南部買東西時也曾因為不懂台語覺得自己被店家歧視。

> 每次我聽到「台灣人」說某個人是外省人，心裡都會想——什麼外省人？你們台灣人在我們馬祖這裡才是外省人！

很有意思的是，陳鎮東這個半玩笑式的委屈，倒也點出了「中華民國體制」在台灣的一個盲點：一九四九年之後的「本省／外省」稱呼框架，本就是以台灣為本位的視角，早已埋下了以台灣為主體來區分「我群」與「他者」的潛意識，會逐漸演變成今日的「中華民國台灣」，也不令人意外。

如果台灣不要我們，我們又不想當中國人

在馬祖創立連江縣民進黨黨部的李問認為，馬祖人和金門人雖然經常被台灣人放在同一個標籤下看待，但馬祖人的語言、文化屬於閩東系，和台灣差異更大，也更能意識到自己和台灣是不同的。

「相較之下，金門人也講閩南語，雖然腔調和台灣的主流腔調有異，但至少在接受『以台灣為本位』的教育時，不會有那麼深的扞格——但或許也正是因為如此，金門年輕人在感受到『被台灣割棄』的時候，心裡可能反而會比馬祖人更受傷。」他如此分析。

在金門古寧頭經營民宿的小白（化名）就是很好的例子。「我有時候上ＰＴＴ（台灣知名的電子布告欄論壇），看到網友一講到金門就說『金門滾回大陸啦、跟大陸統一啦』，心裡就會覺得很莫名其妙。」

提到選舉，小白說自己同樣無法自外於金門綿密的親屬網絡。「爸媽還是會叫我投給藍的，他們怕以後沒辦法跟大陸做生意——但我這次還是投給蔡英文。」原因呢？小白想了想說：「我不希望向大陸靠攏，也不想要台灣和金門變成香港那

樣。」

聊到最後，小白用一個直白的問題總結了金門、馬祖年輕人獨有的焦慮與困惑：

如果台灣不要我們，我們又不想當中國人怎麼辦呢？

事實上，小白的焦慮也反映出了「中華民國台灣」體制一個先天上的矛盾：就現有的憲政體制和地理想像而言，中華民國終究比台灣大很多，而「中華民國福建省」的存在，就是這種矛盾最直觀、最難以忽略的一個化身——有時候，「中華民國的福建人」就是最困惑於此矛盾感的一群人。

一九九七年出生於金門的小喬（化名）也屬於「後教改世代」，從小在學校使用的是《認識台灣》教材。和多數金門年輕人不同的是，小喬從求學到工作一直都待在金門，從來沒有在台灣長時間生活過，但這絲毫沒有減損他的「台灣認同」。

和我們聊到認同問題時，他半嚴肅、半揶揄地說：「我記得小時候剛拿到身分證時，看到上面寫『福建省』，心裡就覺得很奇怪——我不是台灣人嗎？為什麼身分證說我是福建人？」

更弔詭的是，這種「福建式困惑」，有時候甚至還是「國際認證」的。

二〇一一年，一位金門學生向美國在台協會（AIT）申請學生簽證時，被AIT要求將入學申請資料上的國籍更改為「中國」，外界於是也才發現，金、馬居民由於來自「福建省」，在美國簽證系統中一直被歸類為「中國籍」，和台灣人的「台灣籍」不同。

然而如果你在臉書或Instagram上搜尋金門、馬祖的商家，卻又會發現系統默認的英文地址通常是「Kinmen, Fu-Chien, Taiwan」或「Matsu, Fu-Chien, Taiwan」——在此，「福建」使用的是台灣慣用的威妥瑪拼音「Fu-chien」，而且從屬「台灣」。依據中華民國的憲政體制，台灣和福建分明就是平行的兩個「省級單位」；臉書之所以會有這個訛誤，如果不是因為不熟悉《中華民國憲法》，大概就是把「Taiwan」當做了「中華民國」的借代，在粗心之中反映了難以明說的尷尬現實。

話說回來，金馬年輕人的焦慮確實多重：他們的「台灣認同」已經札根，但在政治光譜上的刻板印象裡，卻又常被台灣主流年輕人排擠、割棄；就日常生活而言，他們在金馬本地要面對親屬網絡和偏藍／保守的意識形態，至於中國大陸的崛起和包圍，更是肉眼可見的日常現實，每天都在自己的眼前發生。

斷裂的戰地驕傲

較之網民嘲諷、中國威脅帶來的影響，幾乎所有金馬年輕人都同意，「親屬網絡」是他們最切身的焦慮來源。

「金門是個大家多少都有親戚關係的小地方，也是個特別傳統、特別重視血緣關係的社會。」舉凡返鄉開店、陳情、辦事，甚至選舉投票，金門年輕人都很難逃脫來自親屬網絡的壓力和眼光。「有時候去別的村子，當地人沒看過你，又知道你不是遊客，跟你聊幾句之後可能就會問——你爸爸叫什麼名字？」王苓帶點無奈地說。

一位在馬祖從事社區營造工作、不願具名的台灣青年則認為，外來人在馬祖工作，好處在於沒有包袱，本地人對外地人犯錯的包容度也比較高；相較之下，本地子弟對地方的情感更為複雜、深入，犯錯的話會牽連家人，甚至成為一輩子的標籤。

金馬兩地的「親屬網絡」壓力不太一樣。在馬祖，親屬網絡的力量一般會併入「五同」（同學、同姓、同宗、同好、同村）這個概念；在馬祖北竿經營民宿的陳鎮東也認為，馬祖本地人口較金門少，連帶導致外地人比例更高，所以居民本來就很習慣外地人，親緣網絡的壓力沒這麼大。

至於金門，王苓認為，作為一個社群，金門地方的歷史比馬祖更加悠久，也出過許多及第名門、在南洋開枝散葉，因此宗族緊密度確實比馬祖高一些；金門很多村子裡甚至只有一個大姓家族，村子內外的界線非常明確，不像馬祖那樣容易接受外人。因為如此，身為外地人的李問能在馬祖生根經營，一些金門年輕人看在眼裡其實是有些欽羨的。

然而接受我們採訪時，李問卻認為馬祖年輕人的壓力未必只來自世代差異、政治認同這些領域，每個人的生存狀態與困境都可能複雜而交纏。「其實就算是年紀大一點的馬祖人，也都可能會有些抱怨，而我作為一個外來的『反建制派』，經常就會變成這些人吐苦水、發洩怨氣的對象。」

世代間的認知落差有時其實也是一種隱性的戰地遺緒——這些世代差異和廢棄

的軍事要塞、金門沙灘上的軍事阻絕措施軌條砦一樣，都是戰爭在金馬遺留下來的痕跡，至今仍未撫平，只是以另一種形式出現在金馬年輕人身上而已。

「我們年輕人沒經歷過『戰地政務時期』、沒有被政府動員過，所以不能理解為什麼長輩會覺得自己被虧欠，也不能苟同他們習慣等待政府補助的心態，因為年輕人沒有那種希望被補償的心理。」在馬祖青年協會和軍事遺址做導覽工作的邱筠說道。

造訪過馬祖、在金門大學工作的金門本地人王書定（化名）也有類似的經驗：因為返鄉工作而對金門歷史產生興趣的他，曾經和幾個好友組織讀書會，一起讀《前線島嶼：冷戰下的金門》這本書。「當時讀了之後才知道，原來我們所認識的這個金門，是在冷戰國際情勢之中被建構出來的。」雖然他參與過社運，也讀過一些社會學相關的研究，但第一次看到有人用後設視角、以結構性的視野去解讀金門，還是覺得很新奇。

然而他也留意到，不少金門長輩對這本書抱持負面評價。「後來我們在讀書會討論這個現象，覺得長輩不能接受的原因，可能是因為這本以『冷戰』框架來理解金門的書，推翻了金門人真正打過『熱戰』的光榮感受，也危害到他們身為堅忍戰地子民、為國家犧牲奉獻的自我認同，把他們寫得好像只是被國際政治架構宰制的對象而已。」

出生於一九九二年的王書定並沒有經歷過兩岸對峙的時代，的確很難體會戰地的光榮感。雖然他並不排斥這種「戰地子民」的標籤，但他說「自己不會去貼」：

有些金門人現在會覺得自己被台獨、新的中華民國體制遺棄了，就會氣憤地說我們以前是幫台灣人擋砲彈的。但我會覺得這個標籤不是只有金門人才適用而已，很多在金門當兵的台灣阿兵哥也都犧牲過——台、澎、金、馬就是因為一起承擔了一些東西，才會成為一個共同體。

在金門經營民宿的蔡志舜對金門歷史的戰地框架也有不少意見。「金門就是因為一直強調戰地記憶、推動老兵觀光，才會吸引不到年輕人。不過別誤會，我不是反對保存戰地記憶，而是主張我們需要針對年輕人做『文化轉譯』，讓這些戰地遺產能更容易打動年輕族群。」蔡志舜的確有不少理由這麼說——他經營的民宿類型，是金門較少見的「背包客棧」，目標客群就是沒那麼多旅遊預算的年輕人。

對「南萌咖啡店」的老闆娘董逸馨而言，這種世代差異有時則來自長輩對「工作賺錢」的認知。

去澳洲打工度假之前，董逸馨曾在馬祖做社區營造計畫的約聘職，當時長輩看她一年只有八個月有薪水，另外四個月出國旅行，總會覺得她不務正業、工作不夠穩定；直到現在，長輩們還是會進到咖啡店探頭探腦，指點她如何做生意——「南萌咖啡店」的「南萌」，在馬祖話裡是「天真、傻氣」的意思，其實就是當年長輩用來罵她「不務正業」的形容詞。

「他們到現在都還是覺得我不懂賺錢，開咖啡店只是為了交朋友。」董逸馨無奈地笑道。

Kinmen、Quemoy、Jinmen

一天下午，王苓打開了大門深鎖的後浦泡茶間；和我們一起爬上二樓的，還有王書定和其他幾個以前常在泡茶間流連的金門年輕人。

店裡的家具已經清空了大半，矮桌上擺滿茶壺，塞滿塑膠套的紙箱則堆在角落裡。雖然已經沒有音樂、沒有客人，但不難想像曾經甜暖的氣氛。

泡茶間之所以結束營業，是因為總統大選結束，金門年輕同溫層的「亡國感」暫時撫平了嗎？王苓笑著搖了搖頭。「其實是因為廟方要收回去改建，而一起經營的夥伴，剛好也都有別的事情要忙，幾乎是順理成章的事情。」

在緊鄰武廟飛簷的露台上，王書定拿出了那幅「比較顯眼」的彩虹旗——那是他們之前為了金門的同志運動而做的，而且做過兩個版本。

「第一個版本用的是『Queermoy』這個詞，其實就是把金門的古地名『Quemoy』和酷兒（queer）結合在一起，做了一個專屬於金門的彩虹旗。」

之所以使用「Quemoy」這個以「漳州音」（類似宜蘭腔台語）轉寫而成的地名，除了因為開頭三個字母剛好和「酷兒」相同之外，也是因為從歷史學界的角度來看，從十七世紀到一九七〇年代在西方世界廣泛使用的「Quemoy」，知名度其實更高、歷史縱深也更長。「然而大多數台灣人對『Quemoy』這個符號其實是不熟悉的，很多人不知道這個詞曾經是西方世界對金門的稱呼。」王書定說道。

後來有些馬祖年輕人到金門和他們交流，他們才發現，原來兩地的年輕人有些焦慮是非常類似的。「外界對金門、馬祖有太多誤解或刻板印象，所以我們才決定要設計這面改版的『金馬彩虹旗』，想透過旗幟去接觸台灣的同溫層，讓台灣人知道金門這裡也有一群不一樣的人，所以第二個版本也才會換上台灣人比較熟悉的『郵政式拼音』——Kinmen。」

王書定憶起當時選用拼音的取捨過程，於是又和其他夥伴討論起「Quemoy」的意義，爭論起到底是「Kinmen」好、還是「Quemoy」好。

「誰知道呢？也許再過一陣子，金門就要改用中國的漢語拼音，到時候你就要寫Jinmen了。」一個同伴玩笑地說道。

第七章

二〇二〇年，當AIT重返金馬

（李易安／攝）

新冷戰降臨，淡定的金馬人

二〇二〇年十月二十一日，清晨六點，歐洲古在一陣砲火聲和玻璃窗的震動聲中醒來——是演習吧？他心想。

剛剛拂曉的天際線上，還掛著砲彈落地後竄起的裊裊白煙；海水彼端、佇在廈門岸邊的高樓大廈，想必仍在沉睡。

砲彈，曾經是所有金門人的日常。和世界上其他生活在戰地中的居民一樣，歐洲古光憑砲彈在空中呼嘯和落地的聲音，就能判斷砲彈的種類和落點。歐洲古從床上起身，下樓到廚房做了早餐，一邊聽著砲擊的悶響和地鳴，一邊恍惚憶起自己年輕時躲防空洞的經歷。

他暗暗做了決定：再過幾天就是美國大選、局勢或有變化，不如讓妻子和女兒回台灣，先在「大後方」住個幾天吧。

在金門歐厝村開民宿的王苓，住處距離砲彈射擊的演習陣地更近；那天清晨，她也在同樣的砲聲中醒來。

從二〇一九年開始，王苓就已經隱約感覺到很多事情正在起變化。她和丈夫總會沿著戰備道路慢跑，最近卻愈來愈常在途中被攔截下來——慢跑路線上有個幾近廢棄的靶場，使用頻率從去年便開始增加，他們偶爾要等打靶訓練的警戒紅旗收起才能安全通過。

到了二〇二〇年十月份，金門防衛指揮部宣布，以往總會邀請民眾參觀的「反登陸作戰操演」，今年因為「防疫」和「兩岸情勢緊張」等原因，不再對外開放。

同一時間，位在馬祖東北方的東引島也出現了一陣騷動：一位台灣名嘴在電視上爆料「國軍將在東引布置飛彈基地」，事情曝光之後，在東引當地引起了不小反彈；居民擔心，基地曝光之後，東引將會成為共軍優先攻擊的目標。又過了幾天，金門人繪聲繪影地流傳，一架高級將領專用的軍機，在美國大選前一夜裡突然飛抵了金門機場。

這一連串變化看在任何一個外人眼裡，恐怕都不禁想問：金門、馬祖這兩個和平了四十年的前線陣地，是不是真的又要打仗了？

乍看之下，金馬前線氣氛緊張，似乎是理所當然的事情。

二〇一八年中美貿易戰開打，儘管雙方備忘錄簽了幾份、手握了幾回，至今依然懸而未解，一個「新冷戰」的格局在世人眼前隱隱成形；二〇一九年八月，北京宣布暫停陸客赴台自由行，為台灣的觀光產業帶來不小衝擊；二〇二〇年初肺炎疫情爆發，金門、馬祖的小三通應聲中斷，而共軍軍機又頻頻進入台灣的防空識別區。

大洋另一端，美國大選如火如荼，川普的民調支持率遲遲沒有起色，外界於是不斷揣測，川普為了提振支持率，或許將會挑起戰事，藉此創造「十月驚奇」——這些時局脈動，都讓台海跟著戰雲密布。而金馬兩地，從地圖上看，確實就是前線中的前線。

「去年習近平和蔡英文隔空喊話的時候，我們就開始緊張了。當時還有外國記者以及各國駐台辦事處的人員跑來金門，想了解在地金門人的想法。」王苓回憶道。「當時我們看到外國人開始注意金門，就覺得有點緊張了，因為國際間第一次注意金門，就是在一九四九年之後，而那也是金門迎來熱戰的開端。」

二〇二〇年，這些「外國勢力」現身金門甚至變得更加頻繁、也更加外顯——美國在台協會主任酈英傑（William Brent Christensen）於八月份首次參加了八二三砲戰的紀念活動，而發言人孟雨荷（Amanda Mansour）亦緊接著在十月份拜訪金門。

然而實際走一趟金馬前線，會發現實際上像歐洲古和王苓這樣的人並不多，大部分金門、馬祖人，似乎比台灣人還更淡定，聽到記者問起都是一笑置之。究竟，明明經歷過「熱戰」、知道戰爭滋味的金馬人，為何會在日益緊張的台海局勢中顯得如此從容呢？

我們最常聽到的原因，大抵不脫「跳過金馬論」這個說法。抱持這種觀點的人通常主張，在中國海軍依然孱弱、導彈技術尚未成熟的半個世紀之前，金門、馬祖也許的確是「解放台灣」的兩大阻礙，也是真正的「前線」。然而隨著現代戰爭科技進步、解放軍戰力提升，金門、馬祖兩個「海上長城」的重要性早就已經大不如前。不少金門、馬祖人都認為，如果真要攻打台灣，中共會希望速戰速決、直指台北；攻打金門、馬祖，反而會破壞台海均勢、讓國際社會獲得反應時間，最終只是增加攻台難度而已。

當地居民一般也認為，以金馬的位置而言，今日的共軍若真想奪島其實易如反掌——金門人尤其喜歡訕笑，島上的家家戶戶早已準備好了五星旗，他日若共軍進城，隨時都能插在自家門前。

在這樣的論述裡，如果兩岸真的開戰，戰略地位大不如前的金門、馬祖，反而就是最安全的地方。

就連台灣軍方近年來的兵力部署，似乎也在呼應這種觀點。自從一九九七年「精實案」開啟之後，金門、馬祖便相繼經歷了幾次軍力精簡計畫：金門駐軍從巔峰時期的「十萬大軍」，縮減為今日的一萬人左右；馬祖則從「五萬雄兵」，銳減為大約兩千人。在馬祖的某些離島，現今甚至只剩一個陸軍連隊駐守，軍力不過一百名士兵，而這些現況本來就很難讓島上的居民相信，政府真的有保衛這些前線島嶼的決心。

另一個讓金門人「老神在在」、經常掛在嘴邊的理由，則是「金廈一家親」這樣的論述。

「金門和大陸這麼好，他們怎麼可能打我們呢？」再說，金馬兩地今日和大陸連結太深——金門的自來水引自廈門，而金馬居民也多半都在廈門、福州置產收租，「老共連砲彈都不用打，光是經濟圍堵就能讓金門投降了。」一位不願具名的金門年輕人如此告訴我們。

關注國際情勢的金門、馬祖人，還有一種聽起來更可信的看法——「南海前線論」。抱持這類觀點的人認為，不論是打金馬還是打台灣，都是代價太高的「正面衝突」，也更可能引起國際干涉，反而不見得有利中共突破第一島鏈，亦無法拉攏台灣民心，因此兩岸若真有衝突，台灣在南海海域駐有軍隊卻沒有居民的東沙島和太平島，才更可能是中共的優先目標。

真要說起來，金、馬兩地還是有些不同：金門人會如此從容，還有些更實際、更切身的因素。

「金門其實不小，住在不同村子裡的感受差異很大。像我住的地方，就很少看到坦克，也聽不到演習、打靶的聲音，所以感覺不太到緊張氣氛。相較之下，馬祖的人口和面積都不如金門，軍民比例也比金門高，因此雖然馬祖距離大陸較遠，但馬祖人在日常生活中，其實比金門人更容易看到軍人、感受到軍事調動，可能也因此更有危機意識。」造訪過馬祖、在金門大學工作的金門本地人王書定如此分析。

事實上，今日少數對戰爭威脅記憶猶新的前線居民，也確實就是馬祖人——一九九六年台海危機時，共軍曾在平潭島舉行三棲登陸演習，而位在馬祖南方的東莒和西莒（行政上皆隸屬莒光鄉），就是傳言中解放軍將會進攻的目標，一時之間風聲鶴唳，除了軍公教人員留守之外，大部分居民都選擇前往南竿島或台灣避難。

「當時的莒光人，是真的已經開始逃難了。」西莒「山海一家民宿」的老闆娘陳彩琳回憶道。她現在經營的「山海一家」，就是國軍「財務作業組」當年的所在地，也曾經是全西莒最重要的金融機構，兼營民間的儲蓄業務；當時一傳來共軍攻島的風聲，西莒居民便連忙湧向「財務作業組」擠兌，急忙提領定存資金，逼得軍方只能從南竿用船載運鈔票過來。但就連這些在二十多年前置身戰爭邊緣的莒光人，在二〇二〇年時似乎也都不太擔心。

「其實緊不緊張，看軍方動作就知道了。我們莒光這邊駐軍已經不多，如果哪天突然重兵集結，或是軍人全副武裝，那才是真的需要擔心的時候。」陳彩琳如此說道。

台美關係最好的時候

自二〇一九年來，台、美、中關係多變，「兩岸可能開戰」的傳聞不絕於途，台灣方面也加強了軍事演習的頻率與力道。在這樣的局面之下，我們選擇不斷重返兩岸前線金門、馬祖，看看兩岸戰爭的陰影如何改變邊境地景與居民生活，也曾隨著美方人員「拜訪金門」的腳步，觀察美國在中美對峙之際，以輕鬆卻微妙的方式展現自身對台海議題的立場。

二〇二〇年，台灣人在疫情的戰戰兢兢之中，意外地度過了一個台美關係「加速的夏天」，天天都在目睹雙方關係的迅速升溫。

八月九日，美國衛生部長阿札爾（Alex Azar）以「醫衛合作」為名義訪台；同月，美國在台協會則發起了「安全合作月」活動，並提出了「真朋友、真進展」（Real Friends, Real Progress）的口號。經過一連串「台美友好」的信號釋放後，總統蔡英文也在八月二十八日宣布台灣將對瘦肉精解禁，期待藉此跨越台、美簽署《自由貿易協定》的最大障礙。

時序入秋，美國大選邁向終局，世界則依然沉浸在疫情肆虐、局勢未明的詭譎氣氛之中，然而台美關係並沒有停止加速：九月十九日，美國官方以「追思李登輝」為由，派出國務院次卿柯拉克（Keith Krach）旋風式訪台，而萬眾矚目的台美經濟對話，也在該週五（十一月二十日）於台美兩地同步展開——不論在官方記者會上或是私底下透露，台灣的外交部官員都曾不只一次提到，「現在正是台美關係最好的時候」。

在這個背景之下，AIT的各種宣傳活動，似乎也變得愈來愈頻繁。十月十九日傍晚，AIT便在官方臉書頁面上，突然吊人胃口地放出消息，預告發言人孟雨荷即將「來趟特別的旅行」。

在貼文中，AIT給出了三個線索——「高粱、風獅爺、豐富悠久的美台合作歷史」，要大家猜猜孟雨荷的目的地。眼尖的人大概不難看出，第二、第三個線索顯然是多餘的，因為對於台灣網友而言，高粱早就是金門的同義詞，就算沒有其他線索也能立刻猜出答案。

由此，「風獅爺」反倒更像是硬湊出來、用來充數的，彷彿其真正的目的，只是為了鋪陳帶出「美台合作歷史」這個線索。真要說，「美台合作」反倒更稱不上是「線索」，因為在主流的官方論述和歷史資料裡，金門從來就不是「美台合作」最重要的場域。

同樣耐人尋味的是，ＡＩＴ發言人的這場金門之旅，更像是「臉書限定版」的快閃宣傳活動——你看不到台灣媒體跟拍採訪，也看不到金門縣府派出人員接待，ＡＩＴ在事先、事後也都沒有發布相關新聞稿。

究竟，ＡＩＴ為何要在此時派發言人前往金門、進行一場只在臉書上公開的旅行呢？

「跨越台海中線」的旅行

在孟雨荷結束行程後，我們跟隨她的腳步前往了金門。接下來，我們將循孟雨荷的旅遊途徑來場ＡＩＴ版的金門小旅行，解析這次的金門之旅，以及隱藏在這些景點背後的各種眉角。

解謎孟雨荷之旅：金門遊記的中英文懸疑

和孟雨荷一樣，我們的金門之旅第一站，也是位於台北市中心的松山機場。在疫情之下，國際線航廈裡幾乎熄燈，手扶梯也已經停止運作，然而國內線航廈卻人聲鼎沸——跨境旅遊停擺之後，台灣的國內旅遊市場，已經持續熱絡了將近半年的時間。

和多數外國旅客熟悉的桃園機場不同，松山機場主要營運台、澎、金、馬等地的「國內線航班」，以及通往東京、首爾、上海等地，主要服務商務旅客的「區域航線」；然而在桃園機場於一九七九年啟用之前，這裡其實曾是全台灣唯一的一座國際機場。

時至今日，松山機場除了肩負部分民航功能之外，也是台北地區最重要的空軍基地，具有難以取代的戰略地位；美國衛生部長阿扎爾八月訪台時，也是在松山機場降落、從空軍基地的大門進出的。

AIT金門之旅的第一篇遊記，同樣也以台北的松山機場破題，放上了孟雨荷在候機室裡的自拍照，以及高掛在登機門前的航班資訊。

除了照片之外，貼文還用中文寫道：「金門不只是地處台灣外海的一個美麗又迷人的島嶼，在它身上，我們也同時見識到了美台多年以來豐富而悠久的合作歷史。」乍看之下，這句話似乎並不出奇，然而再細看英文版的貼文，卻可以發現同一篇貼文裡文辭的選擇和語意的差異，暴露了一些玄機。

英文版的貼文是這樣的：

Kinmen is not only a beautiful and fascinating part of Taiwan, it is also the backdrop of many years of fascinating U.S.-Taiwan cooperation.

翻譯成中文，是：

金門不只是台灣美麗而迷人的一部分，也是美台合作多年以來的舞台背景。

第一個值得留意的點出現了。

和中文版貼文相比，英文版最大的差異在於：其表明了「金門是台灣的一部分」。雖然這種說法看似符合部份現狀，但實際上卻和很多人心目中的「台灣」、以及美國在法律上對金門（和馬祖）的立場大相逕庭。

根據《台灣關係法》第十五條，「台灣」一詞是這樣定義的：

「台灣」一詞將視情況需要，包括台灣及澎湖列島，這些島上的人民、公司及根據適用於這些島嶼的法律而設立或組成的其他團體及機構，一九七九年一月一日以前美國承認為中華民國的台灣治理當局，以及任何接替的治理當局（包括政治分支機構、機構等）。[6]

此外，中華民國於一九五四年與美國簽署的《中美共同防禦條約》裡，在定義「領土」一詞時，也只提到了台灣與澎湖。由此，民間有些說法便會以這些法律為依據，認為「台灣」作為政治實體的概念，並不包含金門、馬祖這些在法理上屬於「中華民國福建省」的地方，因而可以順理成章地將金馬地區的人民，排除在新的「台灣國族共同體」之外。

然而若是細看《台灣關係法》的條文，我們卻也能發現：雖然該法原文中只出現了台灣、澎湖兩個地理名詞，看似不包括金門、馬祖，但英文版的「the islands of Taiwan」其實也可以解釋為「台灣擁有的島嶼」。再說，ＡＩＴ也已經在中譯版開頭明文寫道「本譯文僅供參考，引用請依據原始英文條文」，哪天若「情況需要」，由台灣政府實質管轄的金馬兩地，似乎依然可以被含括在「台灣」的定義之內，從而為美國在解釋條文、與金門互動時，留下了可以斡旋的模糊空間。

那麼，為何ＡＩＴ只在英文版貼文中提及「金門是台灣的一部分」，而中文版卻沒有出現類似陳述呢？此外，ＡＩＴ是否有意識到這則臉書貼文的說法，與《台灣關係法》可能有所抵觸呢？

針對這些問題，我們向ＡＩＴ提出疑問，隔天很快便收到了回覆——電話那頭的女聲用親切的語氣告訴我們，針對第二個問題「ＡＩＴ沒有評論。（We don't have a comment.）」

6 The term "Taiwan" includes, as the context may require, the islands of Taiwan and the Pescadores, the people on those islands, corporations and other entities and associations created or organized under the laws applied on those islands, and the governing authorities on Taiwan recognized by the United States as the Republic of China prior to January 1, 1979, and any successor governing authorities (including political subdivisions, agencies, and instrumentalities thereof).

然而，AIT也沒有正面解答第一個問題。我們只能猜測，AIT臉書的貼文原本應該是由英文寫成，再由台籍工作人員翻譯，但臉書貼文畢竟以大眾溝通為重、不是官方文件，中、英文版本就未必會逐字翻譯；而「沒有評論」，則顯現了美國對金門的曖昧態度。

不論如何，這則貼文，確實也呼應了二〇二〇年以來美國和金門有關的各種動態。

比方說，美國眾議員游賀（Ted Yoho）便曾在今年七月二十九日，提出了《防範台灣遭入侵法案》（Taiwan Invasion Prevention Act）；該提案列出了「美國總統可以使用武力保護台灣」的幾種情況，其中一項，便是「中共使用武力，奪取由台灣實質管轄的領土」（the taking of territory under the effective jurisdiction of Taiwan by the military forces of the People's Republic of China）。

雖然該法案至今未通過，依然釋放出了以下這樣一個訊息：金門、馬祖兩個「由台灣政府實質管轄的地區」，也應該在美國承諾保護的範圍之內。

此外，該法案提出之後，AIT處長酈英傑也隨即在八月二十三日前往金門，參加了八二三砲戰的公祭與追思活動，成為史上第一個參加該活動的AIT處長級官員。

外界認為酈英傑此舉意義相當重大，因為美國在台名義上並未設立大使館，因此相當於「大使」層級的「處長」出席活動，即意味著美國對台關係的升級，同時可能也呼應了《防範台灣遭入侵法案》的立場——將金門畫入美國對台「承諾」的實質範圍之內。

更重要的是，如果我們也將AIT發言人的金門之旅放在這個脈絡之中，那麼英文版貼文裡的「金門是台灣的一部分」，很有可能就不只是「無心的筆誤」而已，而是在進一步透露美國對金門的立場。

藏在景點、菜刀下的台美關係

飛抵金門之後，孟雨荷在臉書上拜訪的第一個景點，是「優美古典的閩式建築」。

因為長年「戰地政務」、經濟發展受限而意外被保留下來的古厝，的確是金門今日最重要的觀光資源，會列入AIT的「旅遊行程」並不令人意外。

然而值得注意的是，出現在孟雨荷照片中的「閩式古厝」，有些其實屬於「洋樓」樣式，是金門人早期「落番」[7]、前往南洋經商定居之後，從東南亞帶回資金與技術所建造而成的建築，因而帶有受西方影響的殖民風格建築語彙，和傳統的閩式建築並不一樣。

有意思的是，「閩式古厝」這個粗心的訛誤，會出現在一個「美國人的遊記」之中倒也恰如其分——那提醒了我們，雖然金門近年常被放在由美國主導的冷戰框架之中看待，但金門與廣大世界的連結，其實曾經是在另一個相對昇平的「僑鄉」網絡之中形成的。

任何一個熟悉金門的人都不難看出，孟雨荷拜訪的古厝群，其實就是古寧頭的北山聚落。在一九四九年的「古寧頭戰役」之中，這裡曾經是國共雙方激烈交戰的地方，也是共軍在登陸金門之後，唯一曾經短暫攻下的陣地；「古寧頭戰役」期間，解放軍的前進指揮所就設在這裡——你幾乎可以說，在中華民國今日仍有效管轄的領土上，古寧頭就是唯一一個解放軍真正涉足過的地方。

雖然孟雨荷未必知道北山聚落的這個典故，但一個AIT官員在台海局勢日漸緊張的當口，選擇這裡作為行程的第一個景點，倒也頗有無心插柳之趣。

跟著孟雨荷的腳步，我在「洋玩藝古洋樓民宿」的前院遇見了民宿主人李安柏；這間立面樣式特別的民宿，就是出現在AIT貼文照片中的第一幢洋樓。

「其實我們是後來看到臉書照片才知道，原來AIT有來過我們這裡！」回想起當天景況，李安柏的語氣依然掩不住興奮。金門出生的他在台北長大，一直留在台灣工作；十年前為了陪母親回金門養老，她和弟弟向金門國家公園標下了北山聚落的這間洋樓，經營民宿至今已經八個年頭。孟雨荷一行人造訪的當時，她正在門口忙著招呼其他客人，也沒發現他們逕自跑上了二樓陽台拍照。「他們離開前跟我們打招呼、說再見，我們還很傻眼，不知道這群人到底是誰。」

AIT金門之旅這種即興、低調的風格，不只是李安柏一個人的感受而已。

看我拿出手機詢問，李清桂瞇起眼睛、低頭仔細端詳了螢幕上的照片。「是我們這裡沒錯。但我根本不知道AIT來過。」李清桂是「天之桂貢糖」的老闆；孟雨荷在照片中擁抱的巨型花生塑像，就是他放在工廠門口招攬遊客的吉祥物。

說是工廠，李清桂身後的幾個鍋爐、拼接而成的工作台，其實更像一個家庭式

---

7 落番：又稱「出洋」，指的是早期從金門船行至廈門，再前往新加坡、馬來西亞、汶萊等地的海路。

的小作坊，怎麼看都不像是外國貴賓會參訪的體面地方。「其實我們這個品牌，創立至今才四年而已，很少接待外賓，一直也都很低調。」

很顯然地，AIT在前往金門之前並沒有事先聯絡會參訪的商家，金門縣政府對於行程細節也未必知悉。

更有意思的是，「天之桂貢糖」旁恰好有一間「李光前將軍廟」，和前文的「閩式古厝」一樣，也是金門在兩岸戰爭中曾經用生命寫下的一頁血淚戰史。在台灣的民間信仰中，以近代人物作為祭祀對象的很少見，李光前將軍廟，是一則令人矚目的例外。

李光前，字帆夫，湖南平江縣人，殉職前在金門服役，擔任團長。一九四九年十月二十五日，在古寧頭大戰中，率領部將反攻古寧頭時，遭解放軍砲火擊中陣亡，時年三十二歲，陣亡時階級為中校，逝世後，政府追贈為上校。

古寧頭戰爭造成金門軍民傷亡慘重，戰場屍橫遍野，附近居民回憶，在戰爭剛剛結束時，常常聽見半夜有行軍操練的聲音，心生恐懼。後有居民收到李光前將軍藉乩身表示希望能建廟安靈，居民因此在他的陣亡處籌款建廟，從此四境安寧，被居民視為地方的守護神。

李光前將軍廟前的半身塑像。（Mark Andrews / Alamy Stock Photo）

孟雨荷造訪的天之桂貢糖，正坐落在李光前將軍廟前埕道旁，在一望無際的郊野中，顯得格外醒目。

關於花生貢糖這個行程，AIT的貼文則是這樣寫的：

> 美國人和台灣人一樣，我們都非常喜歡花生。（The U.S. and Taiwan have a shared love of peanuts.）

這是一個乍看有些平淡，細究卻又很有意思的陳述——在這則貼文裡，AIT想要強調的，似乎並非花生貢糖，而是台灣人和美國人的「共同喜好」（shared love）。

AIT金門之旅另一個和金門土產有關的貼文，也採取了同樣的論調。和大多數觀光客一樣，孟雨荷也拜訪了「金合利鋼刀」的觀光工廠。所有人都知道，「金門菜刀」之所以出名，其實就是因為其使用的原料，是解放軍數十年來對金門發射的砲彈。根據統計，歷時四十四天的八二三砲戰期間，金門島上的落彈數便高達四十七萬餘枚；若再算上砲戰結束後長達二十一年的「單打雙不打」（逢

製作金門菜刀。（Eddie Gerald / Alamy Stock Photo）

單日砲擊、逢雙日休息），兩岸的對峙，似乎的確為金門帶來了用之不竭的鋼刀原料。

事實上，砲彈菜刀確實也是金門一個很貼切的縮影，反映的是金門在兩岸關係回暖之後，將戰火遺緒轉化成經濟資源的積極動態。

然而在AIT的臉書貼文裡，砲彈菜刀卻完全不是這麼回事——他們使用了另一種出人意表的方式，來論述金門菜刀在台美關係中的意義：

你知道比起世界上其他任何地方，台灣有最高的回收再利用率嗎？我們對環保責任與管理的投入，是美國與台灣共享的許多價值之一。為了彰顯台灣在這方面的成就，AIT發言人孟雨荷造訪了台灣最有名的回收業者之一……

在這個帶點幽默的論述之中，所謂的「回收業者」，指的當然就是「將砲彈回收製成菜刀」的鋼刀師傅，而「美國和台灣的共享價值」，則再次成了AIT最想強調的金門敘事。

就「台美關係」這個旨趣而言，孟雨荷除了上述那些比較勉強的景點之外，當然也拜訪了和美國更直接相關的景點——比如位在北山聚落附近的「古寧頭戰史館」，紀念的就是上個世紀開啟美蘇冷戰的頭幾場戰役之一。

在臉書上，AIT特意放上了戰史館中展示的槍械照片，並在貼文中寫道：

> 你知道美國多年來一直在為台灣的防衛提供各式各樣的協助嗎？一塊兒來瞧瞧這些在古寧頭戰史館展出的美製武器吧！它們對台灣自我防衛與成功禦敵的能力上有很大的幫助！

這則貼文流露出的「促銷」語氣，其實也不難理解。就在十月二十一日，也就是AIT臉書發布金門之旅的隔天，美國政府便一口氣宣布了三項對台軍售案，內容包括海馬士多管火箭系統、增程型距外陸攻飛彈，以及F－16新式偵照莢艙，總值約十八億美元。

到了十月二十六日，美方又追加了「魚叉飛彈海岸防衛系統」，總值近二十四億美元；十一月三日，美方則宣布將出售「MQ－9B無人機」給台灣——

短短兩週內，美方便宣布了三波對台軍售，其密度與力度之大，可以說是自從一九九六年台海危機引發一連串美國對台軍售之後，很少出現過的現象。

現在回看，AIT會在這三波軍售前夕發出這則貼文，大抵也不會只是個巧合。

AIT金門之旅另一個和「台美冷戰合作」有關的景點，是八二三戰史館。

事實上，孟雨荷早在這趟旅行之前，就已經因為八二三砲戰而來過一次金門。根據《聯合報》報導，今年八月二十三日酈英傑前往金門、參加八二三週年公祭暨追思活動時，孟雨荷亦有隨行。當時他們除了與總統蔡英文一同向國軍將士上香致敬之外，也特地前往孟登道（Alfred Medendorp）中校和法蘭克・林恩（Frank W. Lynn）中校紀念碑，向這兩位在金門殉職的美軍軍官獻花致意。在孟雨荷的遊記貼文中，AIT也將當時酈英傑在金門拍攝的照片，一併附了上去。

值得注意的是，讓這兩位軍官喪生的，其實並非一九五八年的八二三砲戰，而是一九五四年的九三砲戰——當時正值美國與中華民國簽署《共同防禦條約》前夕，而美軍在金門也依然駐有軍官。

毫不意外地，這些和九三砲戰、八二三砲戰有關的記憶，在孟雨荷的金門遊記之中，也被塑造成了美國助台抵抗中共的例證。貼文中提到：

在當年的烽火歲月中，美國曾經為了台灣的防衛提供支援。八二三戰役在美台合作中占有一頁非常重要且悠久的歷史。

然而尷尬的是，貼文中有張照片是八二三戰史館中的展覽文字，而文字內容則是「砲戰爆發後美國的反應」。我們無法確認AIT的臉書小編是否有仔細看過展覽文字，但這張翻拍的照片，顯然和貼文強調「台美合作」的主旨有些衝突，因為那段展覽文字的最後一段如此寫道：「惟美國不願捲入戰爭，僅以第七艦隊護航運補至距金門海岸三海浬之處。」其折射出的，反倒是美國過往對台灣和金門的搖擺態度與矛盾心態（見第一部第四章）。

在地緣博弈、內外宣傳之間誕生的島嶼

在AIT臉書頁面上公開的所有「景點」之中，位在古寧頭戰史館附近的北山

金門北山播音站。（WIKI / Mnb）

心戰播音牆是網友留言數最多的一個，其話題性可見一斑。

所謂的心戰播音牆，其實就是由許多擴音喇叭組成的牆體，在兩岸對峙期間，曾經是雙方用來向對方喊話的重要心理戰工具：台灣這邊一般宣傳「人民在三民主義之下生活富足、安居樂業」、利誘共軍士兵投降「起義來歸」；大陸那邊則會在節日期間，找來婦女在麥克風前傾吐「對兒子的思念」，對駐守金門的大陸老兵動之以情。

時至今日，北山播音牆是金門僅存仍在運作的播音牆，然而其放送的音量已經大不如前，主要瞄準的對象，也早已成了觀光客。今日遊客之所以來此，就是為了在斷崖邊緬懷「漢賊不兩立」的冷戰時光，聽著播音牆播送的八〇年代台灣流行金曲，以及鄧麗君當年來此的溫柔喊話：「親愛的大陸同胞們，你們好，我是鄧麗君，我現在來到金門的廣播站，向大陸沿海的同胞們廣播……」

很有意思的是，北山播音牆這種原本用來對外心戰，後來卻「出口轉內銷」、將目標受眾轉為來自台灣（和部分大陸）的觀光客的現象，和台灣公部門近年來熱中使用臉書進行政令宣傳、以流行文化或迷因圖與民眾互動，偶爾會被部分人士譏為「大內宣」的現象倒也相映成趣——而AIT這場以台灣人為受眾、以臉書河道為載體的金門之旅，若說是當代版本的一種心戰牆，或許也未有不可。

然而金門這個「前線戰地」，倒也不是頭一遭成為「宣傳工具」——大膽點說，今日的金門，其實就是一座在地緣博弈、內外宣傳之間流轉誕生的島嶼。

學者宋怡明曾在《前線島嶼：冷戰下的金門》一書中指出，一九五四年台美簽訂《共同防禦條約》時，美國曾經希望蔣介石放棄金門、馬祖，因而也才會在條約中僅提及台灣與澎湖。

然而心懷反攻大志的蔣介石，當時卻不願棄守金馬；為了迫使美國協防金馬，蔣介石刻意將不符比例的大量軍力押注在這兩個前線島嶼上，藉此向美國傳達「一旦金門失守，台灣也將淪陷」的訊息，從而在冷戰期間將金門打造成了高度軍事化的反共堡壘。

到了一九七〇年代，中美關係逐漸冰融、冷戰在東亞地區的戰線也開始鬆動，然而當時的中華民國政府非但沒有從金門撤軍，反而還持續增兵。就連一九七九年美國與中華人民共和國建交之後，金門這種高度軍事化的現象也都沒有消失——宋怡明認為，這其實是因為蔣氏政權要維持統治的正當性，才會刻意營造出緊張氣氛，企圖讓金門停留在冷戰框架之中。

換言之，順著宋怡明的邏輯來談，金門今日的樣貌，其實是在上述兩個和冷戰相關的議程之中，由兩岸政府和國際地緣情勢共同打造出來的，而隱身在背後的條件和驅動力，也一直都來自美國。

在將時序拉回孟雨荷二〇二〇年的金門之旅，AIT在臉書上的貼文，基本上都是在證明台美之間在金門的歷史連結，以及雙方共同擁護的價值——有些的確和台美過去在冷戰體制之中的合作歷史有關（比如古寧頭戰史館、八二三戰史館），有些則稍嫌牽強，只是將「金門符號」生硬連結上美國文化（比如環保意識、對花生的熱愛），但總歸都是在將金門納入美國對台關係的範疇，也強化了「金門屬於台灣」的地緣想像論述。

除了方便宣傳的符號與論述之外，美國對金門也並非沒有實質動作或資源挹注。

比方說，雖然沒有出現在臉書上，但據傳孟雨荷此行也拜會了金門防衛指揮部，就算沒有直接就軍事合作做討論，也依然透露了美國對保衛金門的態度；又比方說，孟雨荷此次也拜訪了金門大學，並在該行程的臉書貼文中提及，美國多年來一直都在透過「傅爾布萊特計畫」（the Fulbright Program），將美國大學或研究所畢業生引入金門，從事英語教學。上述這些，都是相對幽微卻非常實際的動作，放在一向曖昧、經常只能在檯面下發展的台美關係之中看待，顯得格外突出。

孟雨荷金門行最耐人尋味的，是她在離開金門前臉書貼文的最後一句話：

我們下一站要去哪兒？

若從英文版來看（Where should we go next?），這句話其實也是個帶有歧義的雙關語——除了指「AIT下一個出訪目的地」，似乎也可以有「台美關係下一步進展」之意。

在宋怡明看來，冷戰體制之中因美國介入而軍事化的金門，就是個依託冷戰而生的島嶼——就此而言，AIT近期在金門的頻繁動作，究竟可否視為美國對金門的重新重視，甚至意味又一次冷戰的降臨呢？

很快地，馬祖的軍備坑道中，傳來了AIT另一次的回答。

二〇二一年四月初，孟雨荷循同樣的方式：事前保密、事後統一由臉書發放消息與照片的方式，造訪了馬祖。

在過往為了備戰而挖掘的「北海坑道」中，孟雨荷高歌了一曲英語老歌〈Stand by Me〉，說是「感受坑道中的回音繚繞」，卻令一眾觀察家浮想聯翩。李問更直接用個人帳號在這支臉書影片下留言寫道：「不管夜有多黑，理念相同的朋友都要站在一起。」

若說這坑道中的選曲，只是一個點到為止的隱喻，那麼孟雨荷在馬祖參訪馬祖防衛指揮部於二〇一四年特別設立的「美軍足跡館」，便是大白話的平鋪直敘了。

在「美軍足跡館」中，保存了一九五一至一九七九年間美國陸軍於馬祖留下的軍事指揮設施遺跡，當中包含一幅美國地圖的巨型壁畫。AIT表示，這幅巨型壁畫是一九六三到一九七〇年間，由當時派駐馬祖的美軍繪製，「這幅重見天日的壁畫也提醒了我們美台長遠的安全合作歷史。」

由二〇二二年回看，AIT這些看似輕鬆、不著痕跡的「出訪」，都可謂替後來不斷升高的兩岸軍事對峙、共軍飛彈演習與進一步緊密的「台美交流」揭開了序幕。

第八章

金門、馬祖，台灣的克里米亞？

和平臺海
繁榮永續
總統 馬英九
中華民國一〇五年四月二十九日
民國38年古寧頭戰役，國軍擊敗來犯共軍，確立海峽兩岸隔海分治67年歷史格局。76年，蔣經國總統開放大陸探親，兩岸開始解凍。81年(1992年)，雙方達成「一個中國、各自表述」之「九二共識」。82年，「辜汪會談」在新加坡簽署4項協議，開啟兩岸制度化協商新局。其後十五年，兩岸關係起伏震盪，大陸軍演頻頻，幾乎兵戎相見。
民國97年5月以來，政府堅持在《中華民國憲法》架構下，維持兩岸「不統、不獨、不武」現狀，在「九二共識、一中各表」基礎上，推動兩岸和平發展。雙方主管兩岸事務首長至今已7度會晤，並互稱官銜。8年來，雙方已簽訂23項協議，每週航班從零增為890班。來臺陸客及陸生分別成長13倍及50倍。兩岸和解，全球肯定，亦有利改善我對美、日等國關係及參與國際組織，形成良性循環。
去年11月7日，在對等、尊嚴前提下，本人與大陸領導人習近平先生在新加坡會談，為兩岸分治66年後首次。雙方為「鞏固兩岸和平、維持臺海現狀」，搭建跨海和平大橋，廣受國際社會推崇。
金門昔為殺戮戰場，今成觀光勝地，見證兩岸由戰轉和之歷史進程。欣逢「辜汪會談」23週年，爰銘記兩岸和平繁榮現狀，以誌其事。

（ZIRUI WU / Alamy Stock Photo）

無論國際局勢如何多變、無論美國是否認定金馬為「台灣的一部分」，即便是最崇尚現實主義的人，也必須承認：金馬兩地的民心向背、金馬與台灣的關係是否可以更加同心，才是在這兩岸關係緊張的時刻，讓台澎金馬四界得以保持完整的關鍵因素。

走過戰地政務與「撤軍」風波，加上與台澎居民的隔閡感，讓金馬老一輩選民對民進黨與台獨運動始終保持距離，甚至頗有敵意。戰地政務解除三十年，台澎仍對金馬不甚理解，這使得金門、馬祖成了許多台獨分子眼中「又紅又統」的地區，甚至擔心它成為「中國滲透台灣」的跳板。

二〇一九年，知名的後獨派八〇後政治人物、台灣基進黨的陳柏惟，在臉書上貼出一張照片，背景是金門的模範街，懸掛了吸引陸客的五星旗，圖上寫道：

你相信這是台灣嗎？
#金門
#台灣人醒醒

在陳柏惟與基進黨看來，金門無疑就是中共「紅色滲透」的前線。此一言論引發不少台灣民眾注目，卻也讓金門民眾強烈不滿。

一名在模範街的商家，在三年後回顧當年台灣基進的做法，仍十分憤怒地批評，基進黨只是「作秀、一點也不了解金門」，他認為，世界上許多觀光區都會擺出萬國國旗待客，「我們掛五星旗，不代表我們認同那個國家，只是吸引陸客的噱頭，為何要被放大？要比賽打共匪，我們金門人打死的，遠比台灣基進這些屁孩多得多！」

這是不少老一輩金門人在面對「紅統」指責時，一個相當普遍的反應。作為今日「中華民國台灣」國境內，少數跟共軍交手且成功防守共軍進犯的地區，金門人談起戰爭，傲氣不減。面對戰後的和平，不少中壯世代也傾向「把握機會、多談經濟、少談政治」，支持與對岸「小三通」、多方交流。但對未曾經歷過戰地政務、且接受新一代本土／民主思潮長大的金門青年而言，這樣的撕裂十分痛苦。

一名關心社會議題的年輕人就回憶，她曾經在二〇一九年左右，參與一個支持罷免韓國瑜、挺同婚的社團，卻被社團內的熱血青年嗆聲，說「金門人滾回中國」，讓她覺得很受傷，「儘管其他人來調停、要他道歉，我就退出群組了，再也不想回到那個團體裡。」

有這樣經驗的金門青年，不只一個。他們在家族中要面對保守、親國民黨的父母，但到了台灣的「同溫層」中，卻發現台灣本島的青年也可能對他們抱有懷疑與敵意，兩面不是人。

世代之間的撕裂創造了統戰的縫隙。自二〇一四年克里米亞公投決定「脫歐入俄」後，國際學界與智庫圈掀起「金門是否會成為台灣的克里米亞？」討論，就是擔心金門受中共統戰策略影響太深、與台灣本島的隔閡太大，萬一有朝一日，也啟動了「脫台入中」的公投，將會是一大危機。

二〇一九年八月，台灣指標性的財經媒體《天下雜誌》刊出系列報導，名為「無聲之戰」，第一篇的標題是〈金門之變：誰讓反共前線，變中國統戰關鍵跳板？〉，第二篇則名為〈一國兩制，金門先試？反共堡壘如何變親中第一線〉。兩篇報導相繼出刊，讓台灣民眾對金門與馬祖——尤其是金門——的疑慮節節升高。

爭議所及，二〇二〇年，陸委會甚至委託金門大學進行「中共推動金馬『小四通』相關措施對台灣之影響及因應建議」研究。最終雖然做成「金馬不會克里米亞化」的結論，但仍沒有化解太多台灣民眾的疑慮，網路上動輒出現「金馬歸還大陸論」，本島與金馬的民心，不時出現小型的誤會與裂痕。

不過，在二〇二〇年的大選中，發生了一次事件，開始讓事情有了一些變化。二〇一九年八月二十六日，當年年僅三十歲的民進黨人，李問，在毫無地緣、血緣關係的情況下，宣布自己即將到馬祖參選立法委員。

李問的選擇：解嚴後青年的「建國」運動

李問，這位畢業自台大人類學系、芝加哥大學社會學研究所的青年，生於一九八九年。他的父親是知名學者、清大社會系教授李丁讚，他本人則曾經擔任過《台北時報》（*Taipei Times*）記者，外語能力佳，能說印尼語。短暫的記者生涯後，他加入民進黨，曾經以幕僚身分參加過國家安全會議，並任職於黨內的國際事務部。

民進黨前主席羅文嘉，曾經在任內率團前往達蘭薩拉與達賴喇嘛見面，李問當時便以民進黨國際部副主任的身分隨隊，擔任訪問團的發言人。在訪問回國後，李問臉書上寫道，世上應該有一條「民主絲路」，與中共提出的「一帶一路」抗衡。

在李問看來，這條絲路可以團結台灣、香港、西藏、新疆與中國海內外維權人士，尤其是促進年輕世代的交流，「我們反共不反中；反對極權政府、支持中國人民。」

不久，他宣布到連江縣參選立法委員，打破民進黨在馬祖立委選戰中「零提名」的歷史紀錄。雖然最後如預期中敗北，但他繼續留在馬祖創建地方黨部。二〇二二年的選舉，他說服十位在地人披上民進黨戰袍，參選縣議員、鄉代表等公職，多數職位都創下「民進黨史上第一次在連江縣提名」的紀錄，在人際關係緊密的小島上，這意味著這些候選人要與原生家庭持不同政治立場，且要面對民進黨在當地留下的不良口碑、壞印象（見第一部第二章），並不容易。

李問組織的這一系列「參選行動」，在馬祖當地固有其意義，此外，也能代表民進黨一群新生代政治工作者透過經營金門、馬祖選區，在「民主絲路」的國際戰略思維中，一步步完成「起造新國家」的政治想像。

於二〇二〇年的立委參選過程，李問自始便宣示「一定會拿中華民國國旗」，這與過往獨派對中華民國旗幟的疏離、敵意大不相同。一位同時主張台灣獨立、又拿著中華民國的旗幟揮舞的青年，是否會產生自相矛盾的問題呢？

李問回答我們，對他來說，這個矛盾並不存在。在他看來，今日「台灣共同體」的形成，有兩個斷點：一個出現在一九四九年，一次出現在一九九六年。「在九〇年代之後，我們確定了，能夠跟我們一起參與投票的，就是這一群人，我們透過民主的機制來確認邊界。」換句話說，一同經過一九九六年總統直選的人，就是他心目中的「國民」，而「國民」的隊伍，當然包括當年一同投票的金門、馬祖居民。於他而言，國之疆界，是以「民主的生活方式」為基底，而非文化認同或歷史血脈。

「一是四九年（國家的邊界）還是充滿著不確定；二是九六年總統直選，直選以後，國家凝聚力會更強，所以一開始中共才會那麼反對我們總統直選。」

「〔……〕所以金門、馬祖它是一個不能用傳統獨派的習慣去談，去理解的地方。因為金門、馬祖從頭到尾就是中華民國的，他們就是我們國人。」

當民進黨願意處理跟金門、馬祖的關係，在李問眼中，「民進黨就是在處理跟中華民國的關係……能夠去正視跟去爭取一些中華文化認同跟中華史觀的選民，那這些選民當中，只要是認同自由、民主，就是都是我們一分子。」

李問作為民進黨的黨務一級主管、曾與羅文嘉一同出訪達蘭薩拉的核心幕僚，以他的參選作為橋梁，讓過往信任基礎相當薄弱的「民進黨」與「馬祖」得以重新建立關係，也建立「台獨青年社群」對「馬祖」的好奇與重新認識。

後來與李問並肩工作、出任民進黨連江縣黨部執行長的陳廷豪，當初來到馬祖的原因，比李問要單純一些。他是因為被二〇一八年的「韓流」（按：國民黨候選人韓國瑜旋風）與公投結果震懾，想要「到自己最不熟悉、最支持國民黨，也距離中國最近的前線島嶼上」，了解自己同溫層以外的民眾，究竟在想些什麼？為了解答這個疑惑，他到馬祖工作、生活，甚至加入了當地的羽球同好社團。

此前，陳廷豪積極參與三一八學運，是三二四行政院事件的現場主持人與被告之一，與創辦馬祖青年發展協會的在地青年曹雅評，都是世新大學社會發展研究所的同學。

像陳廷豪、李問這些立場堅定「偏獨」的青年，希望在這關鍵的幾年中，努力來馬祖與當地人建立連結的，不只是中共的統戰組織，也有他們這樣的台灣年輕人。

美濃農村田野學會執行理事溫仲良，就是受陳廷豪之邀，前往馬祖拜訪的。他說：「其實李問他們只要繼續在這裡，哪怕只是不斷接待台灣來的團都好。（台灣）人來了，就會跟當地人互動、聊天、吃飯、喝酒，就會去馬祖看東看西，這樣一來一往，交了朋友，台灣跟馬祖的連結就深起來，也相對不容易被老共滲透了。」

對於李問而言，這樣的路線，是他經過長期觀察、深思熟慮的結果。

「其實，以台灣的歷史來說，過去國、民兩黨都反共，但只是其中一個是比較偏中華文化，一個是比較偏台灣文化認同，這就是以前傳統統、獨兩派的對立。到了後來，才產生的一個政治光譜的位移，因為國民黨特定高層在兩岸之間成為一個買辦關係，就是變成說他也不反共，甚至慢慢在經濟上，國民黨高層也開始依賴大陸，所以國民黨的光譜就開始位移，變得不大反共。甚至還有點偏『紅』，對於中共打壓台灣、打壓中華民國，國民黨很多時候已經不出聲了。國民黨開始把兩岸之間的文化聯繫，看得比民主自由更重要、看得比反共更重要。」

「那麼，當國民黨的立場開始位移的時候，就會留下一個政治真空。有一群選民，他認同中華文化，可能是來自泛藍家庭背景的年輕人，他們覺得民進黨是不是想要去中國化，把這些都取消掉？但又不喜歡國民黨高層與中共的買辦關係，會有點不知道要往哪裡去。」

「換句話說，他可能不信任傳統的民進黨，也不喜歡國民黨今天的樣子。」

李問清楚地知道，金門與馬祖的文化、歷史，都跟台灣本島很不一樣，「無論是殖民經驗、傳統文化都非常不一樣，所以，當我們要邀請台澎金馬共同體一起捍衛國家的時候，我們不能用只用『共同文化』的論述來當作出發點，但我可以用民主、自由這些價值來團結彼此。」

「當你用族群或語言，來當作反對（兩岸）統一的標準的時候，這會變得很危險。因為台灣跟中國之間的關係，確實很多地方是交纏在一起的，所以你每當要舉出台灣跟中國文化不一樣的地方（來當做獨立的理由），對方也可以舉出很多一樣的地方，這樣根本說不完。那你不如承認說，有些地方確實一樣，兩岸有許多地方確實在歷史上是有關係的，但我們重點是在於，台澎金馬擁有共同的政治制度和信仰，」對於李問來說，「只要你反對一國兩制，只要你反對國民黨這種買辦的行為，我們就是團結在一起的。我們現在是一個民主、自由的同盟，我們的範圍，就是台、澎、金、馬。」

對於這一點，年輕的金門縣議員董森堡也心有戚戚焉。在二〇二〇年，疫情爆發的初期，他曾經以議員身分寫了一篇公開信給總統蔡英文，除了提出具體的建言，他還特別提到：

金馬地區長期以來身處兩岸夾縫，昔日的地緣政治到後來的去軍事化，以致金馬與台灣的疏離跟被剝奪感強烈，衍生出來的認同及情感差異，造成許多不必要的誤解與對立。

兩岸夾縫中的我們，既是溝通的橋梁亦是角力的平台，更是彼此拉攏的籌碼代幣，理所當然的，諸多政策與法令亦受控於兩岸之間。受到新型冠狀病毒（武漢肺炎）影響，此次金門小三通停航與否更凸顯了政策執行權「非操之在我」的無奈。

……作為台灣最靠近中國的離島，金門不可避免於親近大陸，不管是文化或情感上，但這並無法否認政治上台澎金馬為一政治實體之事實。

出身金門、宗族成員龐大的董森堡，在這篇聲明中的用詞明顯謹慎，與李問揮灑自如的語言風格大不相同，兩人的論述方向，卻是殊途同歸：即便在文化上，金門與廈門、馬祖與福州的情感親近，但金馬仍是台灣的一部分。同時，他們也希望，台灣可以理解金馬鄉親面對此一議題時，心中複雜的情緒與感受。

一個福建、一個福州，一個民主的地方

一直以來，金門－廈門／馬祖－福州之間的血緣、地緣關係，都是中共統戰的支點之一，也是部分金門政治人物以此展開兩岸交流的語言。

例如，二〇二二年，國民黨籍立法委員陳玉珍便提出「一個福建」的說法。陳玉珍認為，因兩岸政權對「一個中國」的說法有歧見，連帶導致金門的貨品無法銷往大陸市場，她對此十分憂慮，因此提出「兩岸都同意金門屬於福建省」（其實，按照《中華民國憲法》精神來說，確實可做如此解釋）的「一個福建」主張，希望雙方可以接受以「福建省金門縣」作為共識，擱置爭議、恢復交流。

此言一出，毫不意外地，陳玉珍再次遭到民進黨人嚴厲批評「賣台」。對此，

她秀出自己的金門身分證反擊，意指自己才是金門人，「戰爭的痛苦是金門永遠的傷痕」，並指這些批評她的綠營政治人物，「都不了解金門的內涵。」

而在這樣的罵戰中，金門雖然亦有少部分民進黨政治人物，也不乏當年一同參與民主運動的資深工作者，但卻已在這樣的輿論場中失語。在馬祖，新興的民進黨連江縣黨部，正努力擺脫這樣的困境。過去兩年多，對於馬祖鄉親來說，這些民進黨青年，已經慢慢變成他們生活的一部分。

「他們（指李問與其他民進黨人）就是每天生活在這裡，一下來這裡吃個火鍋、一下幫忙載個東西，聚會也會參加一下，見面三分情嘛。」一位不願具名的馬祖居民表示，就算大家提起蔡英文、提起同婚議題或統獨立場還是可能有歧見，但終究罕有再說出「他們都不了解馬祖的內涵」這樣的話來了。

就這樣，這些在和平的八〇年代末出生的青年，站上了台美局勢的重要陣地。他們不但要阻止金馬成為台灣的克里米亞，甚至跟對岸玩起「反統戰」，成為重回「前線」反共的行動者之一。

早在陳玉珍提出「一個福建」論點的兩年前，二〇二〇年，李問便曾經在六四事件三十一週年的當天，貼出一篇臉書文章，談「八九民運中的福州市」，記述了福建師大、福州大學學生遊行響應北京廣場訴求的歷史。更言及「實踐八九精神，與國籍或省籍無關」，回溯當年運動追求民主、自由的訴求，鋪開他自己的「一個福州」故事版本。

對李問來說，追尋這段福州學運歷史的目標，是為了對話，「支持民主自由，並不是一小群人在做的事情，並不是僅限於一小群精英學生、北大學生、清大學生，不是在首都在那邊搞的，也不是局限於首都或特定的族群。像福州其實是一個比較以文教跟行政為主的城市，也是有爭取自由的聲音。」

由於許多馬祖居民在福州有些親戚、雙方也有相當密切的聯繫，「馬祖人可能會有些好奇，以前或許資訊沒那麼流通，或許有人有聽說過（六四當時福州的情況），但也不知道實際的細節。」

於是，李問藉此機會，在六月四日，以「民進黨立委參選人」以及正在籌備「民進黨連江縣黨部」的身分，重新闡釋了一次他對「金、馬都屬於民主自由聯盟」的理念。

除了「六四中的福州」之外，李問還告訴了我們一個關於「民主與福州」故事：

長期以來，都有一些福州的民眾會關注馬祖的消息。幾年前有一支 YouTube 的影片，是台灣這邊依法錄下連江縣議會的議員用福州話質詢縣政府官員的畫面，引發了大陸網友熱烈討論。

「當然，馬祖跟福州的腔調還是有點不太一樣，但在那個 YouTube 影片底下，我們發現有大陸的網友留言，說：『我第一次聽到有人用家鄉的話，來談論公共事務、議政、質詢，然後我第一次覺得，第一次感覺到民主離我這麼近！』」

對李問來說，這樣的留言十分鼓舞人心。

「中共長期以來告訴大家說，華人不適合民主、不適合代議政治，只有西方國家才適合。雖然說，台灣一直以來都是一個反例，但因為台灣對大陸民眾來說，好像又隔閡更大，或許大陸民眾會想，『那是台獨分子不想要當中國人，所以他們去會想要去抱美國大腿，學美國那一套制度』，那我們在馬祖，用福州話來質詢，是可以提出一個更強力的反面論點：一個講福州話的地方，一個認同中華文化的地方，也可以有良性的政黨競爭，也是可以實施民主制度的。」

這些不願與中共統一的政治青年，正在用自己的方式，把金馬帶離克里米亞更遠一些。

這些青年的行動，仍在持續發酵。

二〇二二年的雙十國慶典禮，經過李問提案、爭取，在眾人共同唱國歌的環節，在「國之北疆」、與福州遙遙相望的東引，加入「東引島鄉長、鄉代、警消、村長、兒童與台北大典同步連線」，與身在台北的「馬祖兒童合唱團」一同唱出「三民主義，吾黨所宗」的旋律。

而在國慶典禮的網路轉播環節，也首度加上閩東語（馬祖語言）的同步口譯，更增馬祖居民的認同感。映照著國慶的主題標語「守土衛國，你我同行」，意味至為明顯。

在新時代的戰爭壓力下，因為歷史的偶然而結成的台、澎、金、馬共同體，正在悄悄地、小規模地挪移自己的位置，給對方騰出一點空間，好讓彼此坐得更近一點。

終章

金門、馬祖，以及台灣的戰爭與和平

（李易安／攝）

二〇二二年八月二日晚間，美國聯邦眾議院議長佩洛西（Nancy Pelosi）搭乘美國空軍C－40C專機降落台北松山機場，這是自一九九七年共和黨籍時任美國眾議院議長金瑞契（Newt Gingrich）率團訪台後，台美外交睽違二十五年的重大突破。

佩洛西抵達台北之後，新華社隨即發布公告，指解放軍將於八月四日十二點至七日十二點進行「重要軍事演訓行動」，演訓內容包含實彈射擊。

根據公告，此次演訓將包含六個區域，分別位於平潭外海、台灣北海岸、東北角、東部、高屏外海和巴士海峽；其中，北海岸、東北角、高屏外海等三個演訓區，與台灣的領海範圍重疊，甚至超過領海基線、觸及台灣的內水（internal water），距離高雄港僅約二十公里。

除了八月四日開始的「演訓」之外，中國國防部東部戰區發言人施毅亦宣布，東部戰區已從八月二日晚間開始，便在台灣周邊進行「一系列軍事行動」，範圍涵蓋台灣島北部、西南、東南海空域，內容則包括在台海進行遠程實彈射擊，和在台灣東部外海進行常規導彈試射。

和一九九六年的台海飛彈危機相比，北京此次劃設的「演訓區」範圍更大、更靠近台灣本島，同時也跨越了台海中線。

當共軍的演習範圍，對全台灣形成合圍之勢；金門、馬祖與小琉球等離島外海，再次出現肉眼可見的飛彈試射與共軍「可能進犯」的軌跡：

四日下午，台灣民眾洪景川在馬祖北竿直擊飛彈射擊的發射軌跡，有兩道白色煙霧畫過高空，他拍攝的畫面在媒體與網路上流傳。

國防部證實，在下午一點五十六分左右，共軍發射了多枚東風系列飛彈。

十六日下午，金門二膽島駐守國軍，發現中共民用無人機進入防區上空。有部分士兵選擇丟石塊回擊，被無人機拍攝下畫面，在對岸的網路社群中流傳。

一週後，國防部證實，當天下午確實有此一事件發生。但「戍守外島官兵秉『備戰不求戰』原則，更以『不升高衝突、不引發爭端』態度戒備」，因此，向無人機丟擲石塊，是「周邊休息官兵自發性的行為」。

觸發這被部分專家稱作「第四次台海危機」的佩洛西，在訪台同時，於美國《華盛頓郵報》（*The Washington Post*）刊登〈我為何率領國會代表訪台？〉（Why I'm leading a congressional delegation to Taiwan）一文。並同步在台灣時間深夜十一點，透過官網聲明訪台之行是要信守美國對台灣充滿活力的民主不變的承諾，並強調，「當世界面對獨裁與民主的抉擇時，美國與台灣兩千三百萬人站在一起，較過往更為重要」。

當兩岸衝突節節升高，在許多專家預言「可能會有一戰」的情勢下，重訪當年的戰地、理解當年人們在「長年戰地」下的生活與心情，格外重要。

這不僅僅是一個基於功利目的、「鑒往知來」的歷史再訪，也是一次盤點台灣版本「戰爭與和平」故事的嘗試。

金門與馬祖實施戰地政務的歷史，就是一部台灣的戰爭史；而解除戰地政務三十年來的探索、嘗試與回顧，便是台灣在戰爭陰影稍稍減弱時，一部關於「和平如何可能」的歷史。

佩洛西訪台期間，連江縣長劉增應告訴媒體，馬祖鄉親對中共軍演「不是不擔心，而是擔心也沒用，」重申了「不希望擦槍走火」、「不希望戰爭再臨」的願望。面對這樣的言論，如果不能把當中的歷史皺褶展開、攤平，而僅僅是將原貌再現，就會再次得出「金門與馬祖又紅又統」的結論。雖說如此，但這本書也無意站在辯護士的立場，去替這樣的刻版印象「翻案」。

在這亟欲尋求「是／否」、「敵／我」的時代，金門與馬祖可說是一種「以上皆非」的存在。正如李問所說，我們今日的共同體範圍，比統派（中華民國）想像的小很多，卻又比傳統獨派（台灣、澎湖）認知的範圍大一些。在這兩者之間，並不完全屬於任一方、充滿了異質性與多元性，讓人忍不住想「停頓」下來思考的地方，就是金門與馬祖。

《斷裂的海》這本書的結尾，是作者之一李易安於馬祖服役的「老兵日記」篇章。數十年來，像易安這樣的年輕士兵在金、馬二島來來去去，寫就了金馬的特殊戰地地景，也讓「大後方」台灣的經濟發展、社會工作以及民主政治上的諸多探索，成為可能。

寫下這份日記時，他與許許多多的台灣男孩一樣，覺得在兵役中唱的中華民國軍歌過時、各種訓練徒具形式主義，彷彿中華民國的前世冤魂，仍持續糾纏著早已不知「共匪」為何物的他們。然而，當他後來以記者身分再訪馬祖，卻產生了與當年截然不同的感受。

在這段漫長的採訪、書寫過程中，我們可以確切地感受到：上一次台澎與金馬被劃為同一國國土的時候，或許是出於意外；但自二十一世紀的二〇年始，這一由台澎金馬組成的共同體，已經在不同思考、行動的路徑上，摸索出「自願成為共同體」的可能。

過去，我們談「身為台灣人，不可不知台灣事」；在新的世紀來臨之際，則是「生而為台灣人，不可不知金馬事」。對於人類歷史來說，這段故事同樣重要：在長年的軍事對峙下，被「要塞化」、軍事化的兩座島嶼，將會是什麼模樣。

儘管戰爭陰影從未離開，但我們仍可把握這和平的此刻，慎重仔細地爬梳上個世紀的台海戰爭，是如何在金、馬二島的容顏與肌理深處，留下不可抹滅的傷害。而在和平的時期，當地的居民又是如何奮力地擺脫戰爭陰影，想找到一條「發展」的道路，給自己重建一個「正常」、得以安居的家園。

在台海局勢日益緊張的此刻，我們相信，這不只是一本關於過去的歷史之書。歷史給我們這個緣分去開啟未來，我們唯有慎重記錄、寫作、出版，方不辜負這島嶼之間的相遇與交會。

結語　重返「貫徹以三民主義統一中國」的前線

前按

二〇二〇年，在全球疫情和美國大選／中美對峙的推波之下，台美之間的互動和關係「進入了史無前例的階段」，共軍軍機多次進入台灣防空識別區，而美國駐台人員在兩岸間的前線金門也動作頻頻；一時之間，兩岸開戰的可能性再次成為熱門的話題。

與此同時，以「金門」與「馬祖」兩個前線島嶼命名的電影「金馬獎」，亦繼續迎接「沒有中國電影」的一年。兩岸局勢的緊張與政權間的角力，飄蕩在台澎金馬的每一吋土地上空。端傳媒也於該年年底推出〈金馬前線專題〉，探看作為「前線」的金門、馬祖，如何在地緣政治板塊的挪動中自處，同時追溯「中華民國台灣」在「外島」促成的認同流變。

本書作者之一李易安，因台灣規定所有體位合格的屆齡男子必須服義務兵役，十年前曾在馬祖前線服役，短暫成為「保衛中華民國」的一分子。本書尾聲的內容，是他當時以記者身分、「老兵視角」重訪馬祖，對照軍旅回憶來梳理這個「戰地前線」的變與不變。

相信有許多人認為，國共戰爭已經是過去，所有的一切都結束在一九四九年了，但其實這場戰爭也許從未遠離，始終一息尚存，以另一個形式留了下來。

兵役不僅是國共戰爭的餘留，更是國共戰爭沒有結束的實際表徵。雖然本島與離島在歷史、情感上有著斷裂，但在兵役一事上卻有共同經驗的連結。它是大多數台灣男性的共同記憶、共同情感。本島男性至今仍會抽到「金馬獎」，不斷被送到金門、馬祖「前線」服役，他們和不斷「被前線」的離島居民，也許最能相互理解。

戰爭從未遠離，因為全台灣成年男性至今仍在為了一九四九年留下來的那場戰爭有服役的義務，我們其實自始至終，都在為了未來可能到來的同一場戰爭做準備。是歷史因素造就了這樣的集體台灣經驗，告訴我們無論時代如何太平，隔海永遠有一個威脅在，而我們人人都有可能被派去前線面對威脅。

過去，抽到「金馬獎」，是生死交關的事，而即便到了現在，「死亡」的威脅還是沒有解除。三十年前，金馬還在「戰地政務」時期，抽到「金馬獎」的義務役士兵會感到自己離死亡很近，但誰想到三十幾年後，二〇二二年抽到「金馬獎」的人會有同樣憂慮？在彷彿「時光倒退」的情境中，我們重讀這份十年前的老兵日記，思索七十年來「台海戰爭」陰影的變與不變。

前線的集體記憶

二〇一一年五月三日，我結束四個月的分科專長訓練，揹著黃埔軍包、穿著迷彩軍服在基隆港報到，準備搭船前往馬祖的南竿島服完剩下半年的兵役。

在碼頭客運大樓裡執勤的運輸官，抬起頭來看了我一眼，接著在名冊的某一欄裡打勾，最後遞給我一張寫有「頭9－1」字樣的登船證——當年二十四歲的我是義務役的「預備軍官」，掛階少尉；那是我生平第一次搭乘「頭等艙」，也是我第一次「當官」。

駛在暗夜風浪裡的船艙就像搖籃；橫越台灣海峽的航程需要八個小時，在睡夢中倏忽即逝。再次張開眼睛時，載滿軍人的輪船已經緩緩駛入南竿的福澳港。五月理應是春暖花開的時節，但彼時的馬祖依然被鎖在冷冷的濃霧裡。在連辦公室報到時，一個財務士正在埋頭整理票據，收音機的調頻定在福州人民廣播電台。

「這裡收不到台灣的廣播。」聽我好奇，財務士冷冷地說。

收不太到的，不只是廣播的無線電波而已，台灣的電信訊號當年在馬祖也力有未逮，手機螢幕偶爾會跳出「中國聯通歡迎您來到中國」的簡訊。這些肉眼未必可見的跨境電波流動，在戒嚴時期，如果跨境收聽被發現，還能以「通敵」論罪，但在兩岸交流氣氛熱絡、台海局勢平和的二〇一一年，卻早已是前線軍人的日常。

二〇一一年五月八日，我在自己的臉書頁面上，留下了這句話：「我現在是：馬祖防衛指揮部南竿步兵營裝甲步兵連排長。」連自己都覺得威風凜凜。

後來，我在馬祖度過了痛苦的五個月。

起初，我以排長身分在某個連部營區裡待了一段時間，後來又分別下放至三個小型據點擔任指揮官；漢光演習時，也曾在馬祖防衛指揮部的情報中心裡支援戰情工作。

在馬祖的日子裡，我大部分時間都在坑道裡度過，也總是浸在厚重濕氣之中——衣服晒不乾是家常便飯，偶爾晾著晾著，軍服還會直接染上一片霉斑。馬祖最後送給我的退伍留念禮物，是右手腕上長出的三個疣瘡，它們留下的疤痕，直到今日都依稀可辨。

那五個月裡，我寫了兩本厚厚的日記，裡頭密密麻麻的，全是當兵苦水和讀書筆記。閱讀寫字，是當時我在精神上逃離軍營的唯一途徑。

枕戈待旦……依舊？

二〇二〇年十一月底，我乘坐的交通船緩緩駛入福澳港。退伍近十年之後，我終於又再次踏上了這座前線島嶼。遠端山壁上的「枕戈待旦牆」依舊，馬祖陡峭迴仄的山路依舊，入冬後的長浪和狂風依舊。

從馬祖退伍之後，我偶爾會推薦別人試試台灣和馬祖之間的交通船，因為那是體驗台灣人的祖先「渡海來台」最切身、最直接的方式。我記得自己第一次返台休假時，正好遇上了颱風尾，在船艙裡吐到連黑膽汁都嘔盡了，站在甲板上卻仍會感到莫名觸動——原來被祖先稱作「黑水溝」的台灣海峽的顏色，真的是充滿不祥意味的黑色。

相隔十年再回到馬祖，有些變化是顯而易見的。比方說，福澳港今日多了一幢宏偉現代的客運大樓。又比方說，碼頭邊原本立有「貫徹以三民主義統一中國」的標語，自從一九八四年福澳港竣工以來，便一直佇在岸上送往迎來。我記得二〇一一年我上岸報到時，那句標語仍在雨中吞吞吐吐——「貫、徹、以、三……一、中、國」，而中間的「民、主、義、統」四個字，當時已經拆掉，讓位給新建的大樓，但初見的人，至少還能憑上下文猜出這個有時代感的全句：「貫徹以三民主義統一中國。」

此次再訪，這句有點殘缺、有點難堪的標語，卻只剩下沒頭沒腦的「一中國」三個字還未拆除，其他幾個字，則已經跟著過時的國族任務走入歷史。

有些變化則幽微許多：我記得自己當兵時，馬祖列島在Google地圖上，依然是幾個不規則狀的綠色色塊；想在島上移動尋路，只能仰賴紙本地圖。然而這次回來，馬祖幾個列島已經在Google地圖上百花齊放、輪廓清晰——雖然Google今日似乎仍將東莒和西莒誤認為「中華人民共和國的領土」，導致這兩個島在Google地圖上，會出現和中國一樣的「座標偏移」現象，使得使用者的GPS定位在大海裡。

還有一些變化，則是只有當過兵的人才能意會。

比方說，雖然我隸屬的連部營區仍戒備森嚴，裡頭也依然停滿了裝甲車，但我待過的三個據點之中，已經有一個在前幾年遭到裁撤，而另外兩個雖然仍有駐軍，但其中一個據點外的碎石小路，已經拓寬成平整的柏油路，另一個據點的外頭，則多了一個以蒙古包為主題的露營區和美式餐廳。

備戰的國民義務

在台灣，服兵役是男性的國民義務。

「替代役」（亦即以「社會服務」代替「兵役」的制度）於二〇〇〇年推出之前，除非體位不合格或患有特定先天疾病，否則入伍服役，幾乎是所有台灣成年男子都必經的過程。這種因為「盡義務」而入伍的軍人，一般稱為「義務役」（有時會被戲稱為「不願役」，與「不願意」諧音），和自願入伍、服役時間較長的「志願役」有所區別。

雖然當兵是憲法明定的義務，但兵役在台灣終究是內戰體制的產物，也是國民黨政權在「大陸山河變色」、「播遷來台」之後，為了反攻大陸、保衛復興基地而實施的制度。

早期「義務役」的役期多半是兩到三年不等，確實是段不短的時間，因此大部分人都是抱著「還國家債」的心情在當兵，還有些人甚至會刻意在體檢之前增重或減重、成為「免役體位」，藉此逃兵。

隨著兩岸關係回暖、台灣歷經民主化，社會輿論也出現了檢討兵役制度的呼聲，迫使國軍朝向「募兵制」的方向進行改革，同時逐步縮短義務役的役期。到了二〇〇〇年，義務役開始縮短為一年十個月；等到二〇一一年我入伍時，役期更是只剩一年。

不過說是義務役，倒也不全然都是大頭兵。

有些明星還沒當兵就已走紅，入伍之後或許能進入「藝工隊」四處巡演；至於學歷較高的「大專兵」，則可以在通過「大專程度義務役預備軍官考試」之後成為「預備軍官」（一般簡稱「預官」），並在通過新兵訓練、分科專長訓練之後掛階少尉（亦即最低階的軍官），薪餉待遇優於一般義務役士兵，權責也相對更重。

在台灣，當兵一般被視為某種「通過儀式」，彷彿當過兵之後，男孩才能成為男人，也才能真正社會化——就某個意義而言，這種說法並非全無道理。

雖然法定的「役齡」是十九歲，但如果役男能取得大專和研究所的入學證明，便能辦理「在學緩徵」，等到學業結束之後再入伍即可，因此大部分台灣男性都會選在最後一個求學階段結束之後入伍，而打算出國留學的人，則會在臨屆退伍時申請國外學校，因此「當兵」對於多數台灣人來說，的確就像是一個介於學校和職場（或出國留學）之間的緩衝和過渡。

就此而言，台灣的兵役文化，和同樣擁有義務兵役制度的韓國就很不一樣：韓國男子一般會在大二、大三休學當兵，等退伍之後再回到學校完成學業，目的就是希望畢業之後能夠直接銜接職場、避免所學與社會需求脫節。

此外，「預備軍官制度」（簡稱預官）和義務役士兵在軍中搭建出的，也的確就是一個階級嚴明、分工明確的微型社會：只要通過預官考試，學醫的人便能出任「醫官」、學土木工程的人可以擔任「工兵官」、化學系畢業的學生擔任「化學官」、法律系畢業的則會成為「軍法官」等等，而且一律以少尉軍階敘薪，確實很像在真正踏入社會之前，先來體驗一次「軍中版的演練」。

至於我這種從商學院畢業、沒有特殊專長的人，通常則只有「政戰官」（肩負官兵心理輔導或政治宣傳等功能）、「憲兵官」或「步兵官」等「通用官科」可以選擇——其中名額最多的，當屬步兵官。

什麼是步兵官呢？可以這樣想像：步兵官，基本上就是管理職、專業經理人的概念，受完作戰訓練、掛上少尉官階之後，會被分發至基層單位擔任排長——如果套用一般人更熟悉的企業文化來說，大抵可以用「儲備幹部」這樣的概念來理解。

雖然看似威風，但義務役的少尉排長其實並不風光：由於預官都是以「空降」之姿下部隊，對連隊事務的熟悉程度，本來就不如已經在隊上待了更久的基層士兵，因此義務役少尉排長被志願役上士班長欺負、甚至被老兵惡整的故事，不論在哪個連隊都不算罕見。

更慘的是，在軍隊的秩序之中，士兵和軍官的權責是清楚劃分的——前者執行任務、無需扛責；後者則發號施令，不論軍隊的表現優劣，都必須一概承擔全責。

於是像我們這樣最基層的義務役軍官，便經常會成為「夾心餅」、陷入兩面不是人的狀態：對下要時時提防被下屬士兵陷害、努力維持關係，對上則要戰戰兢兢，避免被營長或其他高層指揮官「督爆」（亦即在長官督導時被發現重大缺失）。在馬祖時，我偶爾會感到悔恨，覺得與其當個排長，還不如當一個無憂無慮、只要聽從命令的大頭兵。

然而現在回想起來，還是會慶幸自己當年有報考預官。在國軍的體制裡，軍官比一般義務役士兵多擁有那麼一點點的，就是自由。身為少尉的我，可以自由在營外走動、可以經常在不同據點之間輪調，也可以進出馬防部的總部坑道與很多機密設施。

說起來有些弔詭，由於馬祖長年實施戰地政務、很多地方都受軍方管制，因此馬祖本地人對馬祖地理空間的了解，有時甚至還不如我們這些成日遊走在軍民之間的軍官。

「金馬獎」：不再生死交關但仍使人胃痛

一個台灣預官短短一年的「軍旅生涯」，一般是這樣的：兩個月的「新兵訓練」、四個月的「分科專長訓練」，最後在「下部隊」之前進行抽籤，決定軍種和服役單位。

在兩岸依然緊張對峙、前線依然砲戰頻傳的年代裡，抽中「金馬獎」、必須前往金門馬祖服役的阿兵哥，幾乎都是抱著赴死的心情與家人訣別的。但在昇平的年代裡，金門、馬祖其實不是太差的選擇，因為真正的「敵人」早就已經不在海峽對岸，而是上級指揮官的督導——而金門、馬祖這些外島因為交通不便，在傳言中是

「最少長官督導的地方」，因此，我之所以會在馬祖服役，其實是自願的。

所有在馬祖駐守過坑道據點的軍人，大概也都知道一個不成文的規定：哨兵若按二聲電鈴，便代表據點幹部回營；三聲響鈴，則代表有上級長官來督導，必須立刻紮裝、恢復操課。今日讓阿兵哥提心吊膽的，早就已經不是空襲警報，而是那急促的三聲電鈴。

對於一些在馬祖服役的阿兵哥來說，另一個需要提心吊膽的，則是自己「留在後方」的伴侶隨時可能變心——我們一般把這種情侶因為當兵而分手的現象，稱之為「兵變」。但現在回想，當兵時最讓我感到痛苦的，絕對還是「揹值星」這件事。

什麼是「揹值星」？簡單來說，值星就是「值星官」的簡稱。在台灣的軍隊編制裡，最基層的單位是「班」（一般由十個人組成），三個班組成一個「排」，三到四個排組成一個「連」，三到四個連組成一個「營」；在基層部隊的日常運作中，三個班的班長會輪流擔任「值星班長」，負責向上一級的排長報告士兵狀況，而排長也會輪流擔任「值星排長」，負責向連長報告，如此層層上報，形成一個嚴密而工整的階序組織。

在馬祖這樣的外島，駐地營區一般以「連」為單位、指揮官則由「連長」擔任，因此負責向連長報告軍隊狀況的「值星排長」，角色便顯得格外重要：每天早點名時，值星排長必須在連集合場上帶領全連士兵唱軍歌、向連長報告士兵出缺勤狀況；長官蒞臨時，必須掌握能夠應對督導的士兵人選；晚上士兵就寢後，還要跟著一眾志願役軍官、士官開「課前會議」，確認隔天的操課和哨兵班表。

身體的記憶是騙不了人的——想到揹值星，我的胃又隱隱作痛了起來。初次接棒那天，我在凌晨四點驚醒，接著躲在蚊帳裡、盯著頭頂上方的床板，不斷在心裡默唸早點名的報告詞、複習口令動作的順序，然後默唱早點名要唱的軍歌，如此周而復始，直到拂曉。

斷裂的「國民革命軍」遺志

國軍的軍歌值得一提。

比方說，在我服役的二〇一一年，早點名時一般要帶阿兵哥唱兩到三首軍歌。

當時除了專屬於馬祖駐軍的馬防部隊歌《邊界》之外，國軍最常唱的還是《國民革命軍軍歌》和《軍紀歌》——如果細看歌詞，也不難發現後面這兩首軍歌都以「國民革命軍」為主角，例如《國民革命軍軍歌》唱到「黃埔建軍聲勢雄」、「復興中華，所向無敵」；《軍紀歌》則提到「以三民主義為根基」、「革命軍人」、「北伐成功，抗戰勝利，關鍵在軍紀」。

然而有些弔詭的是，國民革命軍其實是一支早已不復存在的軍隊。創立於一九二四年的國民革命軍，初期的任務是完成北伐、對割據中國各地的軍閥進行清剿，後來又投入了「第一次國共內戰」和對日抗戰，才在二戰結束之後改名為「中華民國國軍」。

現在回想起來，當年我們每天要唱的軍歌，其實就是黨國體制的遺留物，同時也反映了中華民國當年的處境；藉由強調國軍是北伐成功、抗戰勝利的「國民革命軍」的繼承者，多少也能支持中華民國作為「正統中國」的敘事，從而維持統治正當性。

事實上，要看馬祖（和金門）在過去黨國體制中的定位，馬防部的隊徽也是很好的例子：盾牌型的框架裡，右邊的蕙郁小島是馬祖的借代，左邊則是「赤匪流竄的神州大陸」，一左一右地框限了當年台灣人的國族想望——馬祖，是為了回望祖國大陸而存在的。

然而在任何一個外人看來，在二〇一一年的台灣唱這些軍歌，幾乎就跟「精神分裂」沒什麼兩樣：儘管國軍仍在傳唱「北伐記憶」和「內戰敘事」，但電視新聞裡的藍營政治人物，卻已經在鏡頭前高呼「兩岸一家親」，而以台灣為主體的國族想像，也早已在年輕一代的人心中逐漸鞏固。

這些敘事與現實之間的斷裂，都加深了「當兵就是在演戲」的感覺。我後來甚至覺得，當兵之所以痛苦，其實是因為我為了一個自己並不相信的目標、一場不會開打的戰爭，而白白浪費了一年的青春。

令人玩味的是，就在我退伍十年之後，那些和「國民革命軍」有關的軍歌，國軍今日其實已經很少唱了。

我這次回馬祖遇到的一位連長告訴我，自從二〇一八年起，國防部每年都會推出「年度軍歌」、舉辦軍歌比賽；為了準備比賽，軍隊現在每年都要學習最新的軍歌，至於那些有點過時的軍歌，現在反而少唱。

巧合的是，二〇一八年，也正是台灣義務役士兵「下部隊」的最後一年。

馬祖大坵島上的一處廢棄建築，上頭漆著「管教養衛」四字。（Chon Kit Leong / Alamy Stock Photo）

為台澎金馬百姓安全福祉而戰

眼前又是一個廢棄軍營。

少了阿兵哥的連集合場上，現在停滿觀光巴士。羊群緩緩爬上雜草蔓生的斜坡，坡頂上的火房和餐廳大門敞開，已經成了羊的領地，但門口兩側的標語依然激昂：

為何而戰？為中華民國國家生存發展而戰；
為誰而戰？為中華民國百姓安全福祉而戰。

自從國軍推動「募兵制」改革、義務役縮短役期之後，台灣的士兵數便逐年遞減；二〇一八年起，役男也只要服四個月的「軍事訓練役」，而且不再需要「下部隊」。

在兩岸對峙的巔峰時期，國軍兵力通常能維持在六十萬人左右；到了第一次政黨輪替的二〇〇〇年，這個數字只剩不到四十萬；時至今日，國軍的總兵力只剩二十萬出頭。

弔詭的是，像馬祖這些理應重點駐軍的「前線島嶼」，反而是裁軍最多的地方。在廢棄營區裡牧羊的飼主說，連他自己都記不起來，我們所在的這個營區到底是在什麼時候廢棄的。

在台灣探訪軍事遺跡的其中一個樂趣是，光從標語內容、風格，就能大致判斷標語刻寫（以及營舍廢棄）的年代：「驅除俄寇、消滅朱毛」來自中蘇交惡之前的一九五〇年代；「莊敬自強、處變不驚」來自中華民國退出聯合國的一九七〇年代；「決心捍台澎金馬不撤軍」則來自台灣新共同體已然成形，但「金馬撤軍論」甚囂塵上的一九九〇年代；而「為何而戰？為誰而戰？」就是最新版本的國軍使命，也是台灣人在面臨認同拉扯時，經常會捫心自問的大哉問。

如果熟悉國軍標語的流變，大概就不難看出，這個營區最後還有駐軍的時間點，很有可能就落在二〇一六年之前，因為蔡英文上台執政之後，這句自問自答的精神標語，就已經改成了：

為中華民國生存發展而戰，為台澎金馬百姓安全福祉而戰。

這個改動，顧及了台灣內部「中華民國派」的感受，但也將「台澎金馬」這個地理符號加了進去，大抵也呼應了蔡英文上台以後標舉的國家定位：「中華民國台灣」。

不過這也不是這句標語第一次改動——陳水扁執政時的二〇〇七年，台灣軍方的媒體《青年日報》，也曾經悄悄地將這句標語中的「中華民國」改為「台灣」。「為何而戰」的主語流變，除了反映出台灣人仍未落定的集體認同之外，也提醒了我們一件事：看待「為何而戰」的認知框架，終究還是關鍵所在。十年前我當兵時，不論是過時的軍歌或是八股的口號，國軍論述裡殘存的那種「內戰框架」，從來就沒能說服我。

但如果用「保衛台澎金馬」的框架來徵召我，我想我應該是願意上戰場的。應該吧？

依國軍而生，因裁軍而閉

「噢，原來你在馬祖當過兵？難怪對馬祖這麼熟。」

為我辦理入住手續時，「福澳窩背包客民宿」的老闆娘楊真和我聊了起來。她說自己是福州人，嫁來馬祖已經二十多年，兒女都在台灣工作念大學。

十年前我在這裡服役時，除了「島休」的阿兵哥、以及來探望阿兵哥（一般簡稱「眷探」）的眷屬之外，馬祖幾乎沒有觀光客，民宿、旅館也屈指可數；像「福澳窩」這種專門服務窮遊背包客的旅店，就更是聞所未聞了。

「其實我們本來是開網咖的，就在這個民宿的位置。」

十多年前，老闆娘和丈夫在福澳開起了網咖（網路咖啡廳、網吧），主要瞄準的客群，就是每週「島休」一天的阿兵哥。當時網路遊戲剛剛興起，網路通訊也比書信便捷、比行動電話便宜，幾乎所有阿兵哥放假出營都會直奔網咖。

兩岸對峙期間、被賦予「戰地政務」的馬祖，原本就是一個「軍民一家」的社會，幾乎家家戶戶的經濟來源都是軍人。到了一九九〇年代，馬祖終於卸下「戰地政務」，軍方也開始研議「精實案」、裁減前線駐軍，曾經養活幾代馬祖人的「阿兵哥經濟」於是跟著不斷萎縮——而網咖，就是最後一波「阿兵哥經濟」中僅存的明星產業。

但終究是曇花一現。「精實案」實施之後，國防部接連又推出了「精進案」、「精粹案」。馬祖居民一聽到這些欲蓋彌彰、以「精」字開頭的計畫，就知道某些據點、某個營區又要裁撤了，維繫馬祖經濟命脈的軍人，終究只會愈來愈少。

不過真正壓垮網咖生意的，其實是另一根稻草。二〇一六年底，台灣國防部在歷經一連串試行、研擬出配套措施之後，決定正式解除智慧型手機入軍營的禁令。現役軍人對於這個決定自然額手稱慶，而軍方也認為此舉能減少軍隊募兵的阻力——但對於楊真而言，這卻是一個不折不扣的噩耗。

「可以帶手機進營上網，誰還會想來網咖？」

楊真和丈夫開的網咖，後來在二〇一七年年底熄燈，他們接著花了一年的時間整修房子、重新隔間，最後在二〇一九年初開了這間背包客棧。

或許，這間背包客棧的誕生，就和當年的網咖一樣，也是順理成章的事情：隨著軍人愈變愈少，觀光產業幾乎就是馬祖人唯一的指望。後來的肺炎疫情，也讓馬祖和其他離島一樣，在國境封鎖、國內旅遊大爆發的這個夏天，第一次體驗到觀光紅利的甜頭。

現在回看，「福澳窩」確實趕上了一個好時機。

整個馬祖，他媽的就是一個超大的軍營

話說回來，十年前我在馬祖，其實是不上網咖的——或者說，身為軍官的我，當時經常要戰備留守、支援其他單位，根本連「島休」都很少放。

因此當我在仁愛村面海的「南萌咖啡館」裡，看見滿座的島休軍人，男兵、女兵聚在一起聊天時，心裡其實是有點妒忌的。十年前我在這裡當兵時，石砌階梯旁

的蜉餅攤，幾乎就是我來仁愛村的唯一理由；當年沒有像「南萌咖啡館」這樣帶點「台北氣氛」的咖啡館，也沒有這麼多的女兵。

對大部分的阿兵哥而言，軍營內外就像是兩個平行世界，而阿兵哥一般會用「陰陽結界」來形容這種分野：外頭的世界叫「陽間」，軍營裡則是「陰間」；放假回家、島休去網咖，叫作「還陽」，收假歸營，則叫「回陰間」。

在馬祖，想「還陽」並不是一件容易的事：每到週末島休日，網咖未必有位、日租民宿的價格還會水漲船高。

但當時最困擾我的一件事情其實是，光是「島休」，是沒有辦法真正休息的。我必須不斷地在馬祖這個地方找尋「台灣」、找尋能讓我想像自己身在台灣的地方和氣氛，才能假裝自己離開馬祖、離開軍營，也才能有真正休假的感覺。

於是我當時島休最常做的事，其實是去馬祖民俗文物館的閱覽室看書、使用博物館裡的座式廁所（我總覺得廁所必須是座式的，才能有回家的感覺），或在便利商店裡待上大半天，一邊看著當天從台灣空運來的御飯糰，一邊摹想台灣的氣味。

後來回看當時寫的日記，我發現自己的島休行程很多時候基本上就是在從某間7－11走向另一間7－11。

或許是因為這樣，我對馬祖人油然生起了一種近似於「同情」的感受。我記得當時我的連部裡有個志願役上兵，他不只是連上資歷最深的老鳥，從小也在南竿長大，對馬祖瞭若指掌。大家都很羨慕他，只要島休就能回家，不像我們這些台灣人，一個月才有一次返台假。

然而每次聽到別人這樣講，他都會冷冷回覆：「有什麼好羨慕的。你們回家就逃離軍營了，我回家咧，還是在軍營裡。整個馬祖，他媽的就是一個超大的軍營。」

莒光日

來過台灣搭火車旅遊、又通曉漢字的人，一般都會對「自強號」、「莒光號」這些列車名稱留下印象。這些台鐵列車等級的命名，其實都承載了某個時代的社會氛圍和集體任務。

比方說，於一九七七年首次開行的自強號，其命名來由是「莊敬自強，處變不驚」這句口號，反映的是一九七〇年代中華民國退出聯合國、在國際社會上日漸孤立的背景；而一九六九年設立的莒光號，趕上的則是一九六〇年代中後期在台灣推行的「毋忘在莒」運動，試圖用春秋時期田單在復國之前死守莒城的故事，來提醒「自由地區」的台灣人民勿忘「收復國土、反攻大陸」。

這種充滿反攻敘事的符號，在國軍裡自然不會少見——每週四的政治教育日，就是以「莒光」命名，順理成章。

每逢「莒光日」，所有在營的軍人都必須在下午兩點放下手邊工作，打開電視收看《莒光園地》這個政治教育節目。開播初期，《莒光園地》的確是以政治宣傳為目的，但台灣民主化之後，《莒光園地》便開始轉型成為以文化、生活和娛樂性內容為主，甚至提供欄位讓士兵留言給同袍弟兄或女友。

莒光日也是我每週最喜歡的一天。雖然不能休假，但莒光日一般沒有戰備任務，下午和晚上都能讓阿兵哥在室內看電視，我偶爾也會受命上台教阿兵哥英文單字，可以做些「很不像在當兵」的事情。

此外，連上的輔導長每逢「莒光日」，也都會將一大疊「大兵手記」交給我批改。所謂的大兵手記，前身就是「莒光作文簿」；阿兵哥在看完《莒光園地》節目之後，必須在作文簿中抒發感想、記錄每週生活心得，方便心輔人員掌握士兵的心理狀況。

雖然這不是排長份內的工作，但我當時並沒有怨言，因為批改大兵手記是我最喜歡的差事，也的確是一份大開眼界的工作。

比方說，有個阿兵哥從小在國外讀書，只能用英文書寫，平時似乎都在藝人的圈子打滾，手記裡還貼滿了他和明星合照的照片。又比方說，有個藝術天份很好的阿兵哥，文章寫得七零八落，但我總愛看他把大兵手記當繪圖紙天馬行空。

還有一次，一個剛下部隊的新兵，居然上繳了一本完全空白的大兵手記，我把他找來了解原因，卻只見他從頭到尾都難為情地盯著地上——原來他不識字。於是我也才知道，在二〇一一年的台灣，還有十九歲的年輕人，是連自己的名字都不會寫的。

現在回看，對我這種擅長考試、從高中到大學會有很多同學是同一批人的台北小孩而言，這輩子待過異質性最高、距離同溫層最遠的生活環境，大概的確就是軍營裡了。

當兵，真正認識台灣的起點

當兵除了能讓年輕男子體認台灣社會的「異質性」之外，有時反而像是一雙看不見的手，在以一種更幽微的方式捏塑台灣人的認同。比方說，在台灣開啟教育改革、學校改用本土化敘事的《認識台灣》當教科書之前，當兵就是許多男孩認識台灣的起點。

對於半個世紀前，活在「反攻大陸」這個集體願望之中的台灣人而言，中國大陸的地名，是深深地嵌在日常生活之中的：城鎮裡的街道，以北平、南京、吉林、龍江、歸綏、迪化、察哈爾、桂林、成都、重慶為名；晚間新聞播報結束之後，總會有長達半分鐘的「中國大陸各城市氣象預報」——儘管在兩岸互不來往的年代裡，根本就沒有幾個台灣人會需要知道大陸城市的陰晴寒暖。

循此，當時的台灣人對中國地理，有時甚至比對台灣地理還要熟悉，而當兵，大概就是除了念大學（然而當年念大學的人並不多）之外，很多台灣年輕人初次離鄉、開始用身體實際體驗台灣的第一個機會，讓台灣人能在「大中國框架」之中找到一個小小的縫隙，用地理維度拉開一個以台灣為主體的想像的共同體——至少對於生理男性而言確實如此。

以我自己為例，當兵十一個月，新訓兩個月在台中成功嶺、分科訓四個月在高雄鳳山的步兵學校，下部隊五個月則在馬祖，分別在台灣的中部、南部和外島；這些地方，都和我習慣的台北非常不一樣。有些人下部隊之後，甚至還會遇上「下基地」（亦即部隊離開駐地、前往「基地」進行「移地實戰訓練」），經歷過位於恆春的「三軍聯訓」、移防其他營區，停留過的地方就更多了。

因為當兵，我第一次有機會在台北以外的台灣「長時間」居住，也才第一次參加媽祖遶境，第一次知道原來台南人的早餐如此講究，第一次見識台南的蜈蚣陣，第一次騎腳踏車跨過高屏溪，一路從平原進入淺山，第一次在客家庄聽著客家話不解其意，第一次認識那麼多原住民（當年的志願役士兵，有不少都是在就業市場裡處於相對弱勢的原住民青年）。

如果不是因為當兵，我大概還要再晚個好幾年，才能如此認真地認識台灣。

不再備戰的軍事據點

津沙村的「55據點」，是我這次回到馬祖最期待的「景點」。這個昔日鎮守南竿南面海域的海岸軍事據點，已經改裝成青年旅館（備注：於二〇二二年結束營業）。

如果想體驗住在軍事據點裡的感覺，這裡提供了一個既正宗又失真的選擇，因為全南竿島的海岸據點，基本上都和55據點有相同配置：門口是哨所，進門後兩側的高地上有幾個觀測亭；突然一道陡梯向下之後，盡頭通常會藏著一個外牆漆上迷彩色的建築體或坑道口；穿過走廊旁的幾個士兵排寢室，以及豁然開朗的「中山室」（國軍所有連隊的室內聚會和上課空間都叫這個名字），則會有一個直面大海的機槍堡或觀測站。

平心而論，馬祖所有據點的確都是渾然天成的景觀民宿選址，因為要成為據點，良好視野本就是必要條件——將這些軍事設施改為觀光資源，也確實是一門好生意。

在55據點睡了一晚之後，我也才發現，原來只要調整一下燈光色溫、放幾台除溼機，軍事據點和坑道裡，其實也可以是很舒服的居住空間。對於曾在馬祖服役過的老兵來說，能重新回到據點、看到據點被賦予新生命，大概也別有意義。

一位住客在這裡的留言本裡寫著：「做夢也沒想到，可以住在自己曾經支援興建過的55據點……津沙東營區，似乎是在等著讓我看到它的最後一眼。」看見曾收納自己一段青春記憶的軍事據點今日變成旅館，然後再以觀光客的身分入住，究竟是什麼感覺呢？我不知道。我待過的據點今日不是仍有駐軍，就是已經荒煙蔓草；留言本上提到的那種感覺，我或許要十年之後再來，才能真正體驗。

真要挑剔的話，55據點民宿其實有個地方做得並不到位：民宿老闆在每個床位的置物櫃裡，都放了一個臉盆和毛巾。然而所有在馬祖當過兵的人都知道，馬祖軍人其實是不用臉盆、只用水桶的，個中原因，則與一個廣泛流傳的鬼故事有關。

聽說在兩岸依然緊張對峙的年代裡，國共雙方不時會派出「兩棲蛙人」潛入對方營區，台灣人一般把這種蛙人稱為「水鬼」。有次共軍「水鬼」潛入某個海邊據點，先是把睡夢中的士兵全部殺害，再將士兵的頭一個個給砍下來、放在臉盆裡，最後再把裝有頭顱的臉盆，整齊地排放在據點入口處的樓梯兩側。

據說，有些馬祖的阿兵哥後來會在自己的臉盆裡看見頭顱的幻影，一時人心惶惶，於是馬防部只好下令禁用臉盆、改用水桶。

很有趣的是，類似的鬼故事也流傳在金門，只不過沒有「排列在樓梯兩側」的這個橋段。

現在回看，不論真實性為何，這個「臉盆傳說」都已經成為曾在外島服役的阿兵哥的共同記憶，而金馬兩地流傳的版本，也的確忠實反映了兩地的地理環境：金門地勢平坦，據點很少有綿延不絕的階梯；而馬祖地形崎嶇，因此所有據點和坑道，幾乎都有一路往下、延伸至海邊的陡峭階梯。

十年前我當兵時待過的其中一個據點，排長寢室正好就在坑道向下通往海邊機槍堡的樓梯旁；有次我穿過機槍堡窄窄的槍口，爬到海岸邊的岩石上遠眺福州、長樂的海岸線，突然想起了水鬼摸哨的臉盆傳說。

後來回到坑道裡一問，才知道現在為了通風，機槍堡的鐵門已經不再上鎖。於是聽過臉盆傳說的我，自此都不願意一個人睡在排長寢裡，每天都去和阿兵哥一起睡大排寢——雖然我今日已經想不起來，自己怕的到底是「水鬼」再次摸上岸，還是那段通往機槍堡的階梯。

戰爭是什麼？自由又是什麼？

話說回來，我人生第一次來馬祖，其實不是為了當兵。

二〇〇九年夏天，柏林圍牆倒塌二十週年，而我又正好要去西班牙當交換學生，於是決定走陸路去歐洲，順便來場「鐵幕內的旅行」。當時我的旅行路線穿過中國、蒙古、俄羅斯、波羅的海三國、波蘭、捷克，最後抵達德國柏林，而佇在冷戰前線上的馬祖，就是我搭船前往福州、穿越鐵幕的入口。

印象很深刻，在南竿福澳港等船時，候船室裡的電視機正好在播送麥可・傑克森（Michael Jackson）過世的新聞。事後回想，這個在冷戰時期崛起、知名度橫跨鐵幕兩側的流行音樂巨星的殞落，大概也標注著某個時代的終結。

雖然不太恭敬，但在我那段旅程展開之際，他的訃聞好像是個再適切不過的巧合。

後來我之所以選擇自願到馬祖服役，很大一部份原因，也跟那年夏天對馬祖留下的匆匆一瞥有關——若想憑弔鐵幕、體驗冷戰，大概也沒有其他方式，能比在一座冷戰的前線島嶼上服役更加適切。

後來我在馬祖渡過了痛苦的五個月，但那也是影響我人生最重要的五個月。在軍營裡的每一天，我都在不斷地質問自己：

國家是什麼？紀律是什麼？
戰爭是什麼？自由又是什麼？

我從圖書館借了《社會契約論》、《論自由》、《旁觀他人的痛苦》，以為那些知識分子的後設視野，能帶領我逃離馬祖這座被禁錮的島嶼、逃離這個國家暴力日常運作的最前線。

退伍前一天，我在日記的最後一頁上寫道：

延續兩年前在柏林圍牆下的心情，我又回到了鐵幕前當兵。和柏林圍牆一樣，馬祖也是冷戰的產物。期待我在這座島上的痛苦回憶，能為我帶來追尋真正自由的動力。

當時的我，依然沉浸在「歷史已然終結」的樂觀之中，慶幸自己活在一個「後冷戰」的時代裡——在馬祖當兵再痛苦，我終究只是一個義務役軍官，以一個幾乎沒有比角色扮演遊戲真實多少的身分，體驗了一回「冷戰前線」。

站在被「新冷戰」迷霧籠罩的今日回看，我只能希望當時的我，沒有過分樂觀。

眾聲

斷裂的海：金門、馬祖，從國共前線到台灣偶然的共同體

2022年11月初版　　定價：新臺幣400元

著　　者	何欣潔
	李易安
叢書主編	黃淑真
地圖繪製	郭謹燁
內文排版	葳豐企業
封面設計	兒日
副總編輯	陳逸華
總 編 輯	涂豐恩
總 經 理	陳芝宇
社　　長	羅國俊
發 行 人	林載爵

出 版 者	聯經出版事業股份有限公司
地　　址	新北市汐止區大同路一段369號1樓
叢書編輯電話	(02)86925588轉5322
台北聯經書房	台北市新生南路三段94號
電　　話	(02)23620308
台中辦事處	(04)22312023
台中電子信箱	e-mail：linking2@ms42.hinet.net
郵政劃撥帳戶第	0100559-3號
郵撥電話	(02)23620308
印 刷 者	文聯彩色製版印刷有限公司
總 經 銷	聯合發行股份有限公司
發 行 所	新北市新店區寶橋路235巷6弄6號2樓
電　　話	(02)29178022

行政院新聞局出版事業登記證局版臺業字第0130號

本書如有缺頁，破損，倒裝請寄回台北聯經書房更換。　ISBN 978-957-08-6600-1 (平裝)
聯經網址：www.linkingbooks.com.tw
電子信箱：linking@udngroup.com

國家圖書館出版品預行編目資料

斷裂的海：金門、馬祖，從國共前線到台灣偶然的共同體/何欣潔、李易安著．初版．新北市．聯經．2022年11月．256面．
14.8×21公分（眾聲）
ISBN 978-957-08-6600-1（平裝）

1.CST：人文地理　2.CST：歷史　3.CST：福建省金門縣
4.CST：福建省連江縣

673.19/205.4　　111016755